AF286328

Papier-flieger

für Kids

Papier-
flieger

für Kids

TEXTE VON KEN BLACKBURN
MODELLENTWURF VON
KEN BLACKBURN & JEFF LAMMERS

ULLMANN

IM LAUFE DER ENTSTEHUNG DIESES BUCHES HABEN WIR VIELERLEI DIREKTE UND INDIREKTE HILFE ERFAHREN. INSBESONDERE MÖCHTEN WIR FOLGENDEN PERSONEN DANKEN:

Unseren Eltern, Paul und Lynn Blackburn, sowie Jerry und Angie Lammers, und auch Tante Dolores für wertvollen Rat und immerwährende Hilfe und Unterstützung.

Unseren Ehefrauen, Sarah Blackburn und Karen Lammers, für ihre Hilfe und die Ermutigung unseren Träumen nachzugeben.

Jackie (Blackburn) Tyson für ihre Ermutigung und Hilfe zu Beginn von Kens schriftstellerischer Tätigkeit.

John David für seine Unterstützung bei den Faltanleitungen.

Allen unseren Lehrern, die uns in Fächern wie Englisch und Biomechanik die Grundlagen zum Schreiben dieses Buches vermittelt haben.

Kens Freunden vom College für den Tritt in den Hintern und für ihre Hilfe beim Aufstellen des Weltrekords.

Allen Mitarbeitern von Workman Publishing, die dazu beigetragen haben, dass dieses Buch erscheinen konnte. Ganz besonders möchten wir Peter Workman danken, der nie an uns gezweifelt hat, unserer Lektorin Margot Herrera, die einen unbehauenen Stein in einen geschliffenen Diamanten verwandelt hat, den Grafikerinnen Lisa Hollander und Lori S. Malkin sowie den Illustratoren, deren Arbeit dieses Buch so lebendig und anschaulich macht.

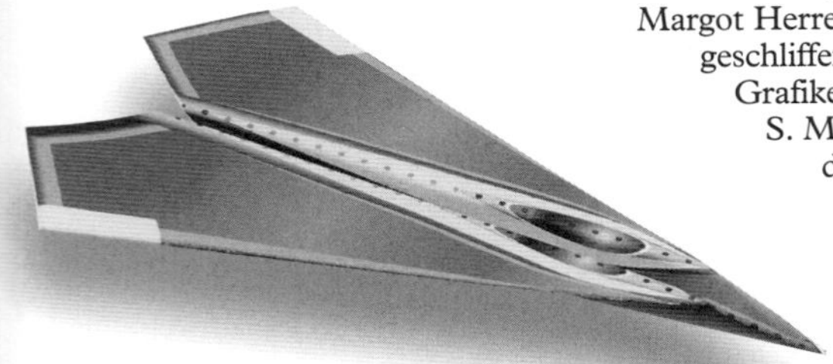

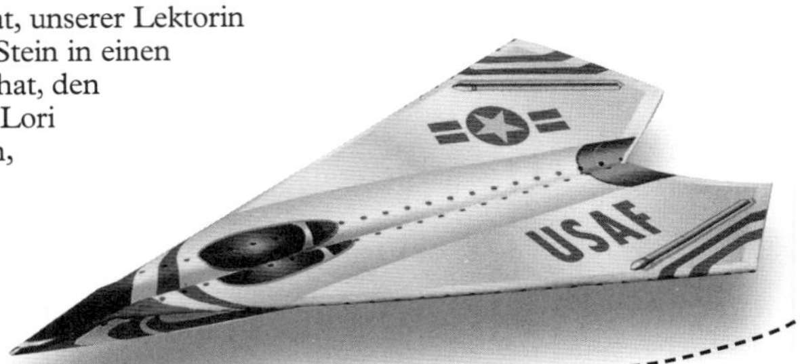

First published in the United States under the title:
KIDS' PAPER AIRPLANE
Copyright © 1996 Ken Blackburn und Jeff Lammers
Published by arrangement with Workman Publishing Co., Inc., New York

Design: Lisa Hollander
Cover-Design: Lisa Hollander und Lori S. Malkin
Schwarz-Weiß-Illustrationen: Bob Byrd
Fotos: Walt Chrynwski

Flugzeuggrafiken: Saturnrakete, Flying Saucer, Aerobat, Vampir, Drachenring, Blue Angels und Thunderbirds, Pizza und F-15: Shi Chen; Robo-Chopper und Great White: Mark Monlux; World Record Paper Airplane: Janice McDonnell; S.S. Explorer und Thunderbolt: Maurice Kessler; Schmettering: Burton Morris; Segler: Greg Lewis

Jeder Nachdruck, jede Wiedergabe, Vervielfältigung und Verbreitung, auch von Teilen des Werkes oder von Abbildungen, jede Abschrift, auch auf fotomechanischem Wege oder Magnettonverfahren, in Vortrag, Funk, Fernsehsendungen, Telefonübertragung sowie Speicherung in Datenverarbeitungsanlagen, bedarf der ausdrücklichen Genehmigung des Verlags.

© der deutschen Ausgabe: Ullmann Medien GmbH,
Rolandsecker Weg 30, 53619 Rheinbreitbach

Übersetzung aus dem Amerikanischen: Eva Schweikart
Redaktion und Satz der deutschen Ausgabe: Jürgen Braun
Gesamtherstellung: Ullmann Medien GmbH, Rheinbreitbach

ISBN 978-3-7415-2116-4

10 9 8 7 6 5 4

www.ullmannmedien.com

Inhalt

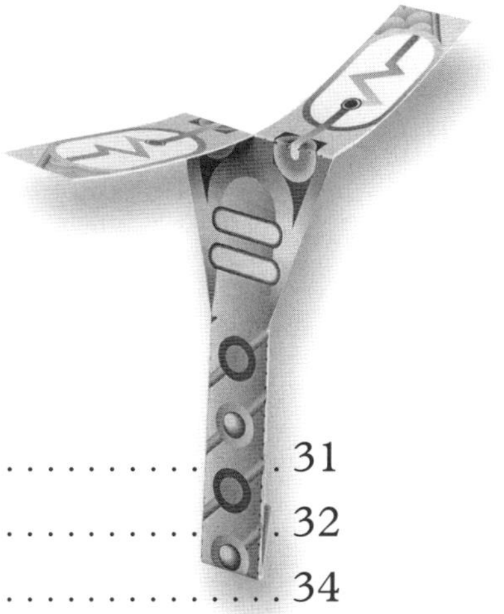

Warum Papierflugzeuge fliegen ... und warum sie abstürzen

Hast du dich schon einmal gefragt, weshalb ein Vogel oder ein Flugzeug in der Luft bleibt? Mach einen kleinen Versuch mit zwei Blättern Papier und du wirst verstehen, warum dies so ist: Wirfst du ein zusammengeknülltes Papier, fällt es zu Boden; ein zum Flieger gefaltetes Blatt dagegen schwebt elegant durch die Luft. Dieses Verhalten rührt von der Wirkung zweier Kräfte her: Schwerkraft und Auftrieb.

SCHWERKRAFT UND AUFTRIEB

Zwei Blätter Papier gleicher Größe und Beschaffenheit haben dasselbe Gewicht, deshalb wirkt die **Schwerkraft** auf jedes gleich stark. Der Unterschied rührt daher, dass der Papierflieger Flügel hat, an denen **Auftrieb** entsteht – eine Kraft, die ihn wie eine unsichtbare Hand in der Luft hält. Das zusammengeknüllte Papier dagegen fällt rasch zu Boden.

DIE VIER KRÄFTE DER AERODYNAMIK

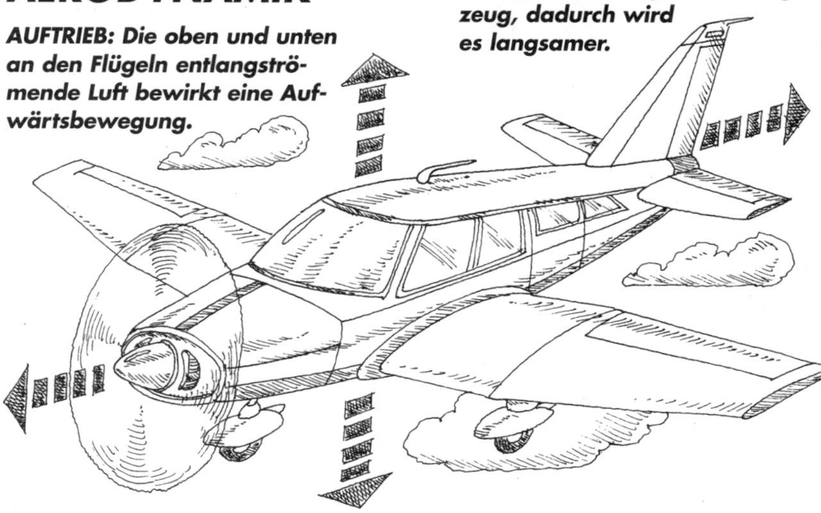

WIE DER AUFTRIEB WIRKT

Aerodynamik ist nicht leicht zu verstehen, sogar für Piloten oder Leute, die sich schon jahrelang mit diesem Thema befassen. Der folgende Versuch soll verdeutlichen, wie der Auftrieb wirkt.

Mach den Versuch in einem Raum, der so groß ist, dass du dich ungehindert um die eigene Achse drehen kannst. Streck die Arme aus und halte ein DIN-A4-Blatt so, dass die eine Hand auf dem Papier und die andere darunter liegt. Beide Daumen zeigen in die Drehrichtung. Willst du dich z. B. nach rechts drehen, ist die linke Hand oben und die rechte unten. Die Daumen sollten leicht zur Decke weisen.

Dann beginnst du dich zu drehen. Wenn du Schwung hast, nimmst du die untere Hand weg. Das Papier fällt nicht zu Boden! Der Auftrieb, den die unter dem Papier entlangströmende Luft erzeugt, hält es in Position. Je schneller du dich drehst, desto mehr Auftrieb entsteht, und sobald du aufhörst dich zu drehen, fällt das Papier herunter.

Um zu sehen, wie der Anstellwinkel den Auftrieb beeinflusst, machst du Folgendes: Nachdem du die eine Hand unter dem Papier weggezogen hast, drehst du die andere so, dass der Daumen immer weiter zur Decke zeigt. Senkst du den Daumen wieder, dann spürst du, wie der Auftrieb schwächer wird, und schließlich fällt das Blatt zu Boden.

Vogel- und Flugzeugflügel funktionieren auf gleiche Weise. Der Flügel ist vorn etwas angestellt. Die unter ihm entlangströmende Luft staut sich, wodurch der Luftdruck steigt und der Flügel hochgedrückt wird. Gleichzeitig beschleunigt sich die über den Flügel strömende Luft. Dadurch fällt in diesem Bereich der Druck und es entsteht ein Sog, der den Flügel nach oben zieht. Je stärker der Flügel angestellt ist, desto mehr Auftrieb entsteht. Irgendwann ist der sogenannte Strömungsabreißwinkel erreicht, und die Luft kann nicht mehr ungehindert über die Oberseite strömen: Es entsteht nicht mehr genügend Auftrieb und der Flieger stürzt ab.

LUFTWIDERSTAND UND SCHUB

Wenn etwas durch die Luft fliegt, reibt die Luft daran und bremst es ab. Dies nennt man **Luftwiderstand.** Flugzeugmotoren erzeugen einen **Schub,** der das Flugzeug vorwärts treibt. Wenn ein Flugzeug geradeaus fliegt und der Schub größer ist als der Luftwiderstand, wird es beschleunigt. Ist der Luftwiderstand größer, wird es langsamer.

Nun haben Papierflugzeuge ja keine Motoren. Sie erhalten den nötigen Schub durch das Werfen. Was aber bewirkt, dass der Flieger danach nicht langsamer wird? Stell dir dein Papierflugzeug einmal als dahinrollendes Fahrrad vor. Wenn du auf ebenem Gelände aufhörst, die Pedale zu treten (also keinen Schub mehr erzeugst),

WIE DER LUFTWIDERSTAND WIRKT

Der Luftwiderstand bremst bewegte Gegenstände ab. Seine Wirkung kannst du bei dem folgenden Versuch spüren. Suche dir einen Raum, in dem du dich ungehindert drehen kannst. Streck die Arme aus und halte ein DIN-A4-Blatt senkrecht zwischen den Händen, wobei die Daumen direkt zur Zimmerdecke weisen. Nun beginnst du dich zu drehen. Sobald du Schwung hast, nimmst du die Hand weg, die in Drehrichtung vor dem Papier liegt. Der Luftwiderstand presst das Blatt fest an die andere Hand. Je schneller du wirst, desto höher wird auch der Luftwiderstand: Der Druck gegen deine Hand verstärkt sich. Dein Drehen liefert die Schubkraft für die Fortbewegung des Papiers. Sobald du damit aufhörst (also keine Schubkraft mehr erzeugst), bremst der Luftwiderstand das Papier komplett ab und es fällt zu Boden.

wird es langsamer und bleibt schließlich stehen. Fährst du mit deinem Rad einen Hügel hinab, liefert die Schwerkraft sozusagen den Schub, der verhindert, dass das Rad langsamer wird. Genauso funktionieren auch Papierflieger. Wenn du deinen Flieger geradeaus wirfst, wird er langsamer. Wirfst du ihn aber leicht schräg nach unten, zieht ihn die Schwerkraft vorwärts, als würde er einen unsichtbaren Hügel hinabgleiten.

WISSENSWERT

Dass Ballons in der Luft schweben und Korken auf dem Wasser schwimmen, hat dieselbe Ursache: Das Helium in der Ballonhülle ist leichter als die Luft, ebenso wie Kork leichter ist als Wasser.

WARUM PAPIERFLIEGER ABSTÜRZEN

Wenn Papierflieger abstürzen, liegt das meist nicht am fehlenden Auftrieb. Der Grund ist, dass sie instabil sind. Nur wenn ein Flieger stabil ist, gleitet er richtig. Man unterscheidet drei Arten von **Stabilität:** Neigungs-, Kurs- und Absturzstabilität.

Damit ein Flieger **neigungsstabil** ist, muss zum Bug hin ausreichend Gewicht vorhanden sein. Die **Kursstabilität** sorgt dafür, dass der Flieger geradeaus fliegt. Auch sie lässt sich durch Gewichtsverlagerung verbessern. Stege (Flossen) an den Flügelspitzen oder am Heck wirken sich ebenfalls positiv auf die Kursstabilität aus.

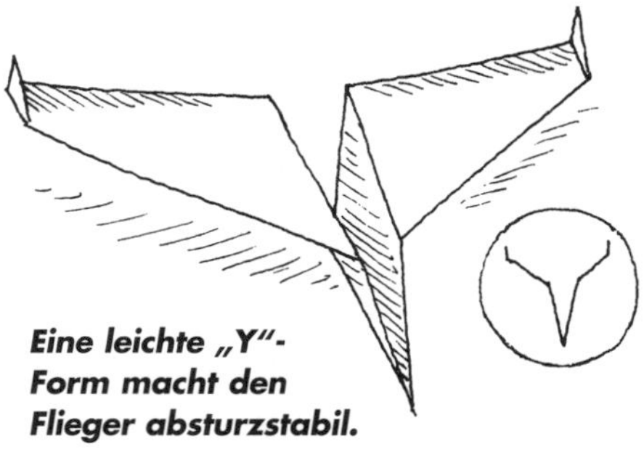

Eine leichte „Y"-Form macht den Flieger absturzstabil.

Wenn ein Flieger **absturzstabil** ist, sind seine Tragflächen gleichmäßig ausgerichtet. Damit dein Flieger absturzstabil wird, biegst du die Flügel leicht nach oben, sodass sie mit dem Rumpf ein angedeutetes „Y" bilden.

Wie ich ins Guinness Buch der Rekorde kam

Die meisten halten es für unmöglich, je einen Weltrekord aufzustellen, und auch ich dachte lange Zeit so. Als ich mit sieben meine ersten Papierflieger faltete, hätte ich mir nicht träumen lassen, dass ich es irgendwann zu einem Eintrag im *Guinness Buch der Rekorde* bringen würde. Und doch ist es so gekommen.

Schon als Kind interessierte ich mich für die Fliegerei und baute Modellflugzeuge. Was mir weniger behagte, waren die hohen Kosten, der beträchtliche Zeitaufwand und die Tatsache, dass meine Modelle des Öfteren in Bäumen oder am Boden zu Bruch gingen. Beim Stöbern in der Bibliothek entdeckte ich eines Tages mehrere Bücher zum Thema Papierflieger. Darin las ich nicht nur, dass Flugzeuge mit quadratischer Grundform am besten fliegen, sondern auch, dass die Feineinstellung ausschlaggebend für den Erfolg beim Fliegen ist.

Ich begann also Papierflieger zu falten. Sie waren schnell gemacht, flogen gut und kosteten so gut wie nichts. Indem ich so viel über richtige Flugzeuge las und dann Änderungen an meinen Papierfliegern vornahm, konnte ich deren Flugeigenschaften verbessern, und bald war ich so weit, dass ich eigene Flieger konstruierte.

Mit 13 Jahren entwickelte ich ein Modell, das wirklich prima flog. Im Freien warf ich es in die Luft und beobachtete, wie es vom Wind getragen wurde. Ich erkor es zu meinem Lieblingsmodell und verbesserte es immer weiter.

> **WISSENSWERT**
>
> ***Der größte Papierflieger, der jemals gebaut wurde, hat eine Spannweite von 14 m. Er wurde an der Technischen Universität Delft gebaut und legte am 15. Mai 1995 in einer Halle eine Strecke von 34,75 m zurück.***

Als Fünfzehnjähriger bekam ich von meinen El-

DIE GUINNESS-RICHTLINIEN

Nachstehend die Richtlinien von Guinness für den Flugzeitrekord bei Papierfliegern:

1. Der Flug muss in einem geschlossenen Raum stattfinden.

2. Der Flieger muss aus einem einzigen Blatt Papier von maximal 250 x 353 mm Größe gefertigt sein und darf nicht mehr als 150 g wiegen. Besonders gut eignet sich Kopierpapier.

3. Klebstreifen und Klebstoff dürfen verwendet werden.

4. Der Flieger ist vom Boden aus zu werfen. Die Zeit läuft ab dem Moment, in dem der Flieger losgelassen wird, und endet, wenn er etwas berührt (den Fußboden, eine Wand, einen Stuhl ...).

5. Es sind sechs Versuche zugelassen.

6. Mit dem Gesuch um Anerkennung des Rekords sind folgende Unterlagen einzureichen:

- **unterschriebene Erklärungen zweier Zeugen, die den Rekordflug bestätigen;**
- **ein Zeitungsbericht über das Ereignis;**
- **Farbfotos und eine vollständige Videoaufzeichnung des Fluges.**

HINWEIS: Die Anwesenheit eines Vertreters von Guinness ist nicht erforderlich.

tern das *Guinness Buch der Rekorde* geschenkt. Natürlich schlug ich sofort die Luftfahrtrekorde nach. Tatsächlich – es war auch ein Rekord dabei, der mit einem Papierflieger aufgestellt worden war: ein Flugzeitrekord von 15 Sekunden. Meine Papierflieger blieben annähernd lange in der Luft – ich mußte den Weltrekord brechen!

Nachdem ich ein Jahr geübt hatte, startete ich in Anwesenheit von Freunden, Lehrern und einem Reporter meinen ersten offiziellen Versuch – und schaffte fast 25 Sekunden! Ich war selig, bis mir Guinness schrieb, dass der Rekord nur in einem geschlossenen Raum anerkannt werden könne. Daran war zunächst nicht zu denken. Ich musste ein ausreichend großes Gebäude finden und dann üben und meine Technik verbessern.

Erst mit 20 – ich studierte inzwischen Luft- und Raumfahrttechnik an der North Carolina State University – wurde mein Vorhaben wieder aktuell. Es wurde ein Termin in der Basketballhalle anberaumt. Meine Freunde waren anwesend, mit Kamera und Stoppuhr im Anschlag, außerdem ein Zeitungsreporter. Ich warf meinen besten Flieger mit aller Kraft in die Höhe – und sah ihn in die Lautsprecher an der Hallendecke segeln. Mein bestes Flugzeug war dahin!

Ich nahm ein Blatt Kopierpapier und faltete eilig einen neuen Flieger. Mein dritter Wurf war mit 16,89 Sekunden der beste und zugleich ein neuer Rekord. Mehrere Wochen vergingen, dann erhielt ich den ersehnten Bescheid: Guinness erkannte den Rekord an! Ich hatte endlich mein Ziel erreicht.

Seitdem konnte ich den Rekord zweimal verbessern: erst auf 17,2 und später auf 18,8 Sekunden. Da ich beim Üben schon 21 Sekunden erreicht habe, werde ich vielleicht irgendwann noch die 20-Sekunden-Marke brechen.

Papierflugzeuge falten und fliegen lassen

Papierflieger sind nicht schwierig zu bauen. Wenn du dir verschiedene Falttechniken und einiges Wissen darüber aneignest, wie man sie am besten zum Fliegen bringt, wirst du eine Menge Spaß an der Papierfliegerei haben. Ein Tipp: Als angehender Papierflieger-Pilot beginnst du am besten mit dem Modell Pizza. Es lässt sich leicht falten und trimmen und fliegt hervorragend.

SO WIRD GEFALTET

Die Papierflieger in diesem Buch sind mit drei Arten von Linien versehen: durchgehenden, gestrichelten und gepunkteten. Entlang der durchgehenden Linien, die mit einem kleinen Scherensymbol gekennzeichnet sind, wird geschnitten. An den gestrichelten Linien wird nach innen gefaltet, d.h., diese Linien kommen an der Innenkante der Falze zu liegen und sind später nicht mehr sichtbar. Sie sind übrigens in der Reihenfolge nummeriert, in der zu falten ist. An den gepunkteten Linien wird nach außen gefaltet; sie bilden die Außenkanten der Falze und sind am fertigen Flieger zu sehen. Auf die Rückseite der gestrichelten Linien gedruckt, dienen sie als Orientierung, dass man richtig herum gefaltet hat.

Gestrichelte Linien liegen nach dem Falten innen.

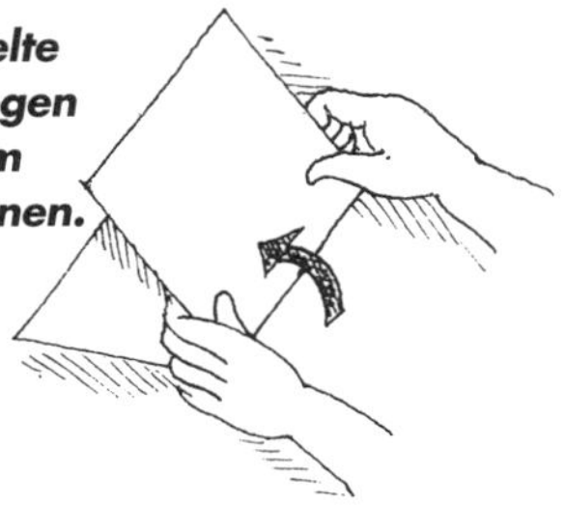

Gepunktete Linien liegen nach dem Falten außen.

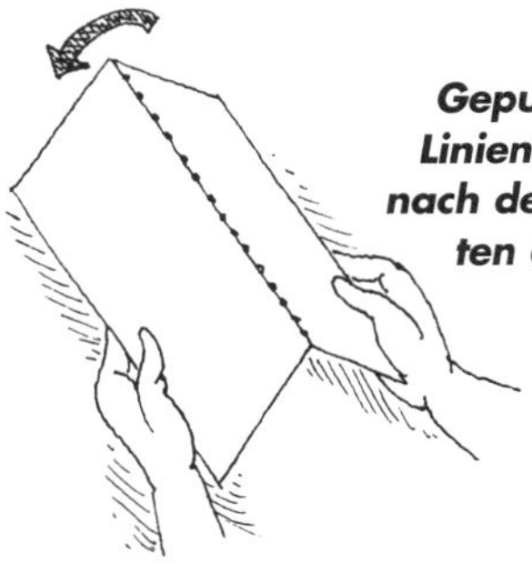

Die Falze sollten möglichst scharf sein; am besten fährst du mit dem Fingernagel darüber. Besonders hilfreich ist dies, wenn mehrere Falze nahe beieinander liegen, z.B. World Record Paper Airplane.

Entspricht ein Falz einmal nicht exakt der aufgedruckten Linie, so ist das nicht weiter schlimm. Versuche einfach so genau wie möglich zu arbeiten. Sehr wichtig ist, dass die Tragflächen gleichmäßig sind. Wenn sie sich in Form oder

WISSENSWERT

Die ersten Flugzeuge baute man aus Holz und Segeltuch. Seit rund 60 Jahren verwendet man Aluminium und in der Zukunft wird man extrem leichte und zugleich enorm widerstandsfähige Verbundwerkstoffe einsetzen.

Größe unterscheiden, wird das Flugzeug kaum gut fliegen.

SO WIRD GETRIMMT

Wenn du deinen Flieger perfekt gefaltet hast, bedeutet dies noch lange nicht, dass er auch gut fliegt. Hierzu sind diverse Feineinstellungen erforderlich.

LANGSAM UND SCHNELL Damit der Flieger keine unkontrollierten Sturzflüge vollführt (plötzlich senkrecht nach unten saust) und damit keine Strömungsabrisse auftreten (dabei steigt der Flieger, wird langsamer und schießt senkrecht zu Boden), müssen die Höhenruder eingestellt werden. Beim Papierflieger sind das die hintersten Bereiche der Tragflächen. Auch ein richtiges Flugzeug hat Höhenruder: Sie sind hinten am Höhenleitwerk angebracht.

Stürzt dein Flieger senkrecht ab, biegst du die Tragflächen hinten ein wenig nach oben. Tritt ein Strömungsabriss auf, sind die Höhenruder vermutlich zu stark angestellt: Biege sie ein wenig zurück.

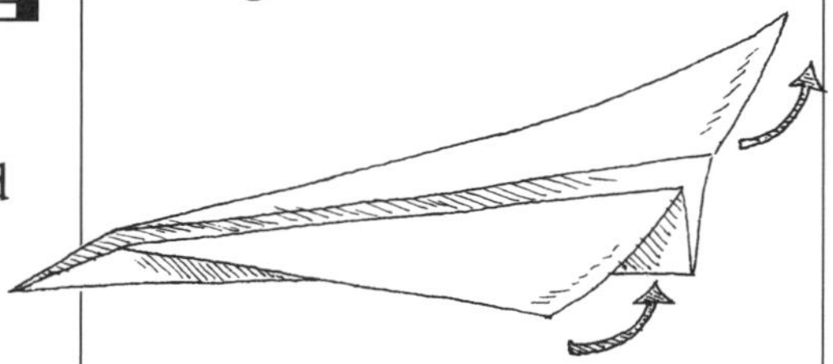

Höhenruder

Die Höhenruder beeinflussen auch die Fluggeschwindigkeit. Je stärker sie angestellt sind, desto langsamer ist der Flieger. Soll er schnell fliegen, stellst du die Höhenruder etwas flacher. Jedes Papierflugzeug ist anders, daher musst du beim Trimmen ein wenig herumprobieren und ein paar Testflüge durchführen, bevor es nach Wunsch fliegt.

LINKS UND RECHTS
Die meisten Papierflieger ziehen beim ersten Werfen nach links oder rechts. Dies lässt sich ändern, indem man das Seitenruder einstellt. Als Seitenruder bezeichnet man bei den meisten Papierfliegern den hintersten Bereich des Rumpfs. Du kannst diesen

EIN KLEINES EXPERIMENT

Falte einen Flieger, am besten den Vampir, und wirf ihn ohne vorher Feineinstellungen vorzunehmen. Beobachte, wie er fliegt. Stelle die Höhenruder immer weiter nach oben und beobachte, wie sich Flugverhalten und -geschwindigkeit ändern. Je stärker die Höhenruder angestellt sind, desto langsamer wird der Flieger. Schließlich tritt der Strömungsabriss ein, weil das Flugzeug zu langsam geworden ist. Wann dies der Fall ist, ist von Flieger zu Flieger unterschiedlich.

nach links oder rechts biegen. Für gewöhnlich genügt eine geringfügige Korrektur, aber manchmal muss man das Seitenruder so stark biegen, dass es seitwärts gerichtet ist.

Fliegt dein Papierflieger nicht geradeaus, dann wirf ihn mehrere Male und beobachte, in welche Richtung er zieht. Anschließend hältst du ihn von unten fest und biegst das Seitenruder in die Richung, die er nehmen soll. Driftet er nach rechts ab, biegst du das Seitenruder ein wenig nach links. Zieht er nach links, machst du es umgekehrt.

Das Seitenruder wird eingestellt.

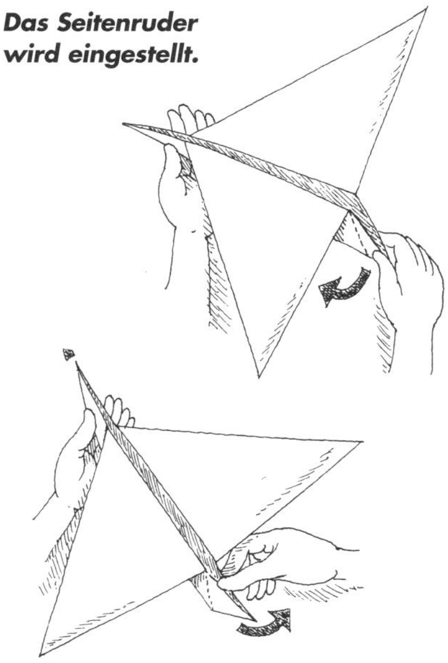

SO WIRD GEWORFEN

Wenn Höhen- und Seitenruder des Fliegers eingestellt sind, ist er flugbereit. Gut fliegen kann er aber nur, wenn er gut geworfen wird. Die meisten Flieger werden mit Daumen und Zeigefinger in Richtung Bug am Rumpf gehalten. (Für die Modelle Robo-Chopper, Drachenring und Segler sind spezielle Wurftechniken erforderlich; diese werden bei der zugehörigen Faltanleitung beschrieben.)

Wie man wirft, hängt in erster Linie von der Art der Feineinstellung ab. Ist der Flieger für langsamen Flug ausgerichtet (d.h., die Höhenruder sind nach oben gebogen), dann hältst du ihn vor die Schulter und wirfst ihn sanft und leicht abwärts gerichtet nach vorn. Wenn er für schnellen Flug eingestellt ist (die Höhenruder sind kaum nach oben gebogen), hältst du ihn ebenfalls vor die Schulter, wirfst ihn aber schnell nach vorn. Ziele

WISSENSWERT

Die ersten Flugobjekte waren Papierdrachen, die vor über 2000 Jahren in China angefertigt wurden.

So werden die meisten Papierflieger geworfen.

DAS FLIEGER-ALPHABET

Piloten benutzen im Funkverkehr ein Buchstabieralphabet. „Tower Orlando, this is Cessna 7-3-4 Sierra Foxtrot" ist leichter zu verstehen als „This is Cessna 7-3-4-S-F", denn „S" und „F" klingen ähnlich. Nachstehend das komplette Fliegeralphabet.

A - Alfa	N - November
B - Bravo	O - Oscar
C - Charlie	P - Papa
D - Delta	Q - Quebec
E - Echo	R - Romeo
F - Foxtrot	S - Sierra
G - Golf	T - Tango
H - Hotel	U - Uniform
I - India	V - Victor
J - Juliet	W- Whiskey
K - Kilo	X - X-ray
L - Lima	Y - Yankee
M- Mike	Z - Zulu

immer ein Stückchen über die anvisierte Landestelle hinaus.

ABWURF FÜR EINEN REKORD-VERSUCH

Damit ein Papierflieger möglichst lange in der Luft bleibt, muss er kräftig nach oben geworfen werden. Für einen Flugzeitrekord sind mindestens 15 m Höhe nötig, damit die Strecke für den Gleitflug nach unten lang genug ist. Eine solche Wurfhöhe erreicht man, wenn man den Flieger mit rund 90 km/h senkrecht in die Luft wirft. Das erfordert eine Menge Kraft. Ich selbst habe meine Armmuskulatur mit Gewichtheben trainiert und mir in einem Kurs über Biomechanik (darunter versteht man die Betrachtung des menschlichen Körpers unter technischen Aspekten) das nötige theoretische Wissen angeeignet. Bei meinem Wurf habe ich Techniken, wie man sie beim Baseball und Kugelstoßen anwendet, mit ein paar weiteren Bewegungselementen kombiniert. Diese Art des Werfens mag etwas gewöhnungsbedürftig sein, es lohnt sich aber sie auszuprobieren.

Abwurf für den Flugzeitrekord

WIE EIN FLUGZEUG AUFGEBAUT IST

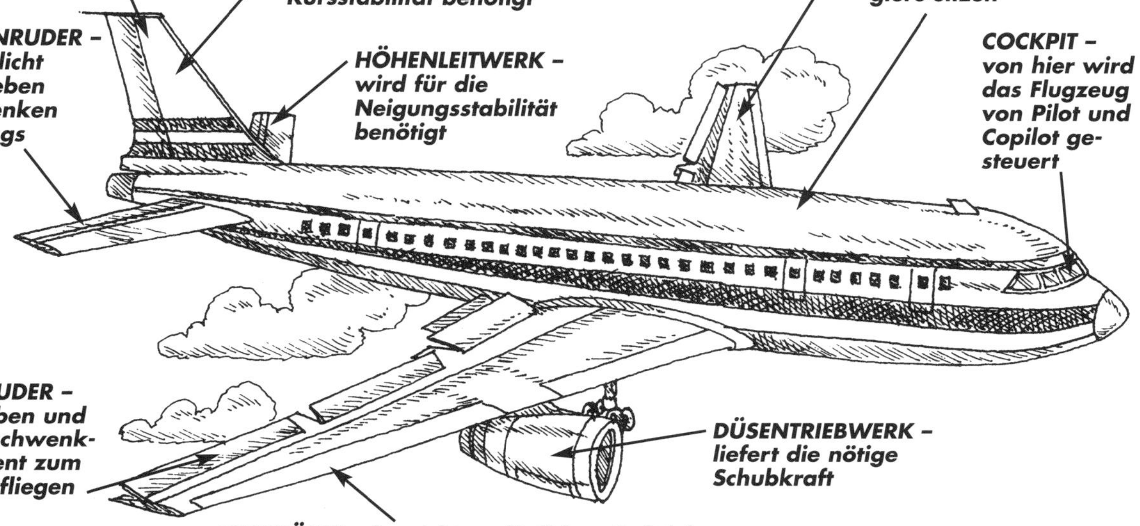

VERSUCH'S DOCH MAL

Wenn du einen Flugzeitrekord aufstellen willst, brauchst du einen großen Raum mit hoher Decke (z.B. eine Sport- oder eine Lagerhalle) und das Modell World Record Paper Airplane; außerdem eine Stoppuhr sowie Bleistift und Papier zum Notieren deiner Bestzeiten.

Wirf den Flieger zunächst wie gewöhnlich und nimm die nötigen Einstellungen für langsamen Geradeausflug vor. Danach wirfst du ihn kräftiger und höher und experimentierst mit verschiedenen Einstellungen an Höhen- und Seitenruder.

Zeigt der Flieger das gewünschte Flugverhalten, dann wirfst du ihn möglichst senkrecht nach oben. Du kannst hierzu meine Wurftechnik anwenden (siehe die Bildfolge auf Seite 14). Sollte sie dir zu kompliziert erscheinen, ist das kein Problem: Wirf deinen Flieger einfach so hoch und kräftig wie möglich. Meine Wurftechnik ist für mich ideal – dir steht es natürlich frei, deine eigene zu entwickeln.

Wenn du eine Stoppuhr, Papier und Bleistift bereitlegst, kannst du deine Bestzeiten und die deiner Freunde notieren.

WISSENSWERT

Je weiter man nach oben kommt, desto kälter wird die Luft. An einem Sommertag beträgt die Temperatur in 10000 m Höhe, wo Verkehrsflugzeuge fliegen, um -40 °C.

Die bekanntesten Flugzeugtypen

Auf dieser Doppelseite werden acht bekannte Flugzeugtypen vorgestellt. Merk dir ihre besonderen Kennzeichen, dann kannst du, wenn du ein Flugzeug auf dem Flughafen siehst, den Typ bestimmen.

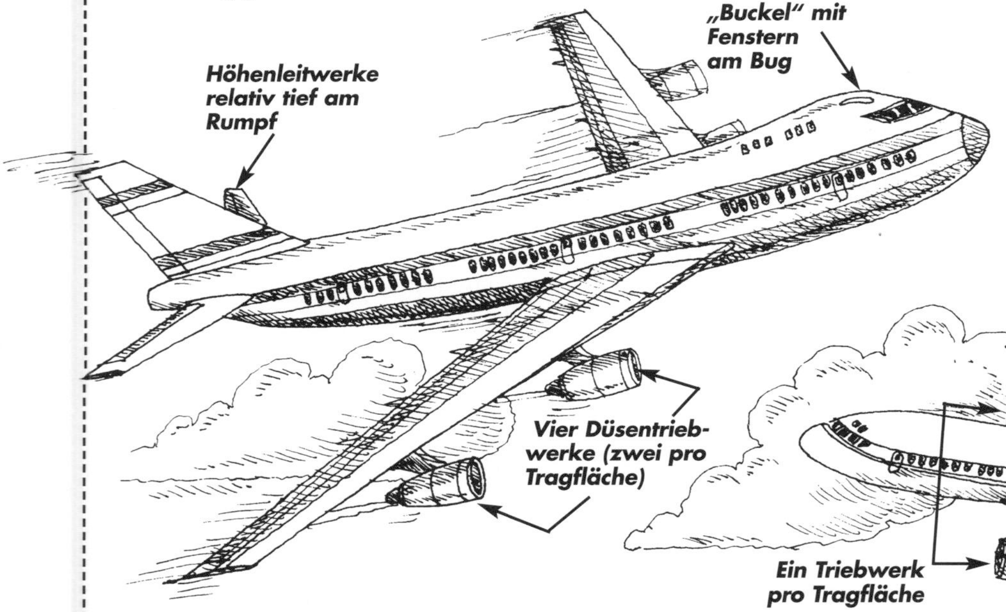

BOEING 747 Die 747 – die als Jumbojet bekannt wurde – ist 70,4 m lang und nimmt ca. 500 Passagiere auf.

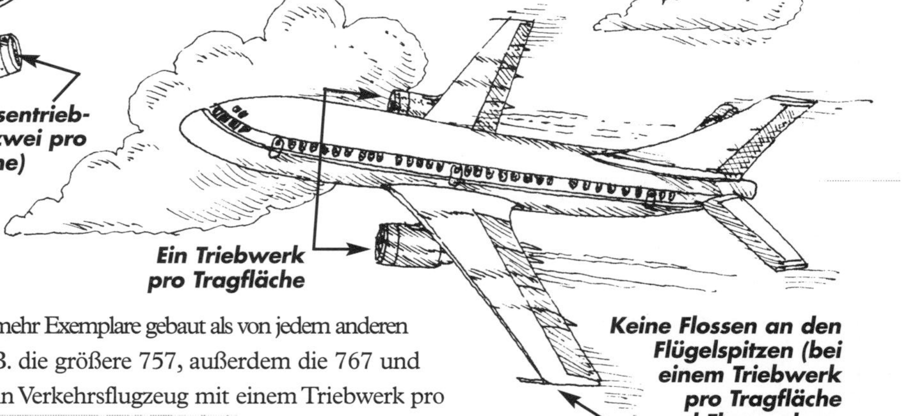

BOEING 737 Von der 737 wurden mehr Exemplare gebaut als von jedem anderen Verkehrsflugzeug. Die Boeings der 7er-Reihe (z. B. die größere 757, außerdem die 767 und die 777) sehen einander sehr ähnlich. Wenn du ein Verkehrsflugzeug mit einem Triebwerk pro Tragfläche siehst und dir über den Typ nicht schlüssig bist, lässt sich zumindest sagen, dass es eine Boeing ist.

MCDONNELL DOUGLAS MD-11 Die MD-11 ist ein Nachfolger der DC-10 (die DC-10 hat keine Flossen an den Flügelspitzen). Auffallend sind ihre drei Triebwerke.

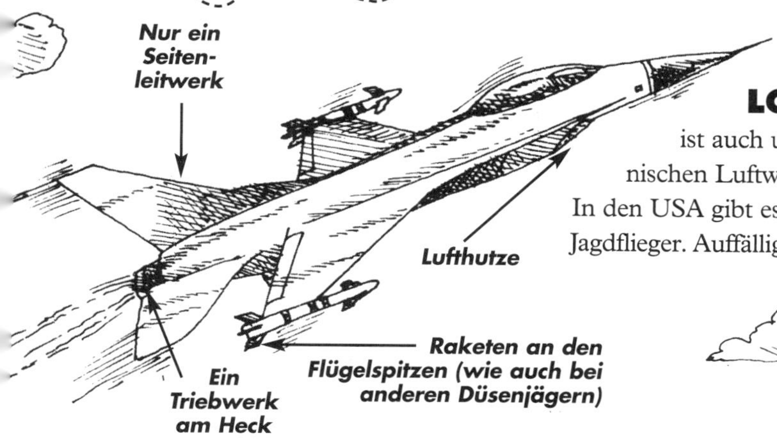

LOCKHEED F-16 Die Lockheed F-16 „Fighting Falcon“ ist auch unter dem Namen „Viper“ bekannt. Sie wird von der amerikanischen Luftwaffe und deren Kunstflugstaffel, den Thunderbirds, eingesetzt. In den USA gibt es von der F-16 mehr Exemplare als von jedem anderen Jagdflieger. Auffällig ist die Lufthutze vorn am Rumpf.

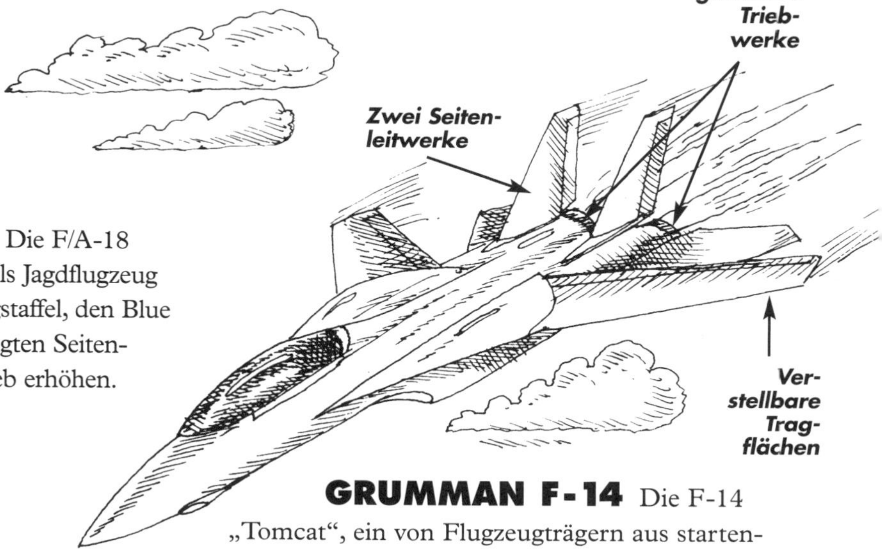

MCDONNELL DOUGLAS F/A-18 Die F/A-18 „Hornet“ wird von der amerikanischen Kriegsmarine als Jagdflugzeug und Bomber eingesetzt, aber auch von deren Kunstflugstaffel, den Blue Angels. Kennzeichnend sind die zwei nach außen geneigten Seitenleitwerke und die verlängerten Vorflügel, die den Auftrieb erhöhen.

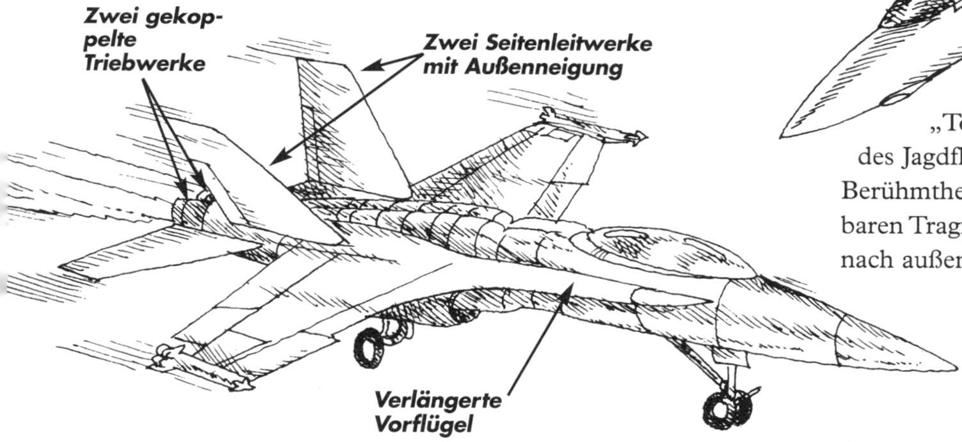

GRUMMAN F-14 Die F-14 „Tomcat“, ein von Flugzeugträgern aus startendes Jagdflugzeug, erlangte durch den Kinofilm *Top Gun* Berühmtheit. Auffällig an diesem Typ sind die schwenkbaren Tragflächen: Für den Langsamflug werden sie nach außen gestellt, für den Überschallflug angezogen.

CESSNA 172 Die Cessna 172 „Skyhawk“, ein viersitziges Passagierflugzeug mit Propellerantrieb, flog erstmals 1956. Seitdem wurden über 30 000 Exemplare gebaut, mehr als von jedem anderen Flugzeug in der Geschichte der zivilen Luftfahrt. Die Cessna 172 hat als sogenannter Hochdecker die Tragflächen oberhalb des Rumpfs.

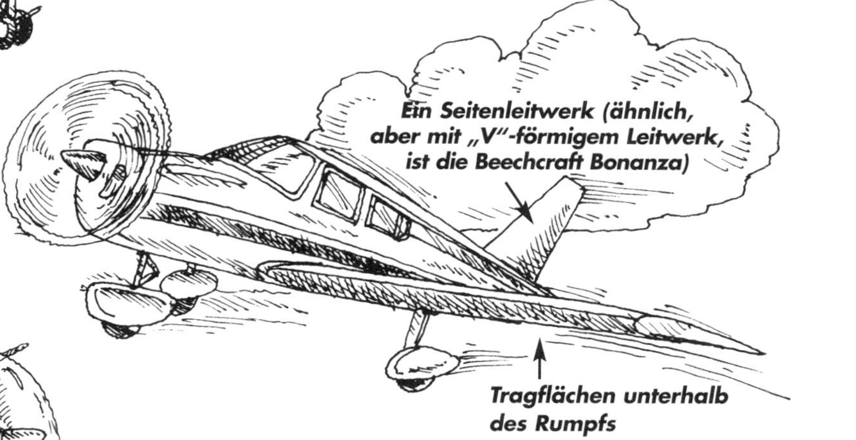

PIPER CHEROKEE Die Piper Cherokee ist ebenfalls ein beliebter einmotoriger Viersitzer mit Propellerantrieb. Sie hat als Tiefdecker die Tragflächen unten am Rumpf und erreicht rund 225 km/h.

Spielvergnügen im Haus

Wahrscheinlich wirst du deine Papierflugzeuge oft im Haus fliegen lassen, denn geschlossene Räume bieten entscheidende Vorteile: Es weht kein Wind, der deinen Flieger davontragen oder abstürzen lassen könnte, und kein Regen kann ihn durchweichen. Du musst nicht in die Sonne blinzeln und dein Flieger bleibt nicht in Bäumen oder Sträuchern hängen. Besonders gut eignen sich Innenräume für Flugwettkämpfe, denn dort sind für jeden Teilnehmer gleiche Bedingungen gegeben (mehr über Flugwettkämpfe findest du auf den Seiten 26–28).

Natürlich hat es auch Nachteile Papierflugzeuge im Haus fliegen zu lassen: Wände und Decken sowie Möbel erweisen sich als Hindernisse. Diese Nachteile kannst du aber zum Vorteil nutzen. Im Folgenden werden Spiele vorgestellt, die gerade zu Hause besonderen Spaß machen.

Fang den Flieger!

TIPPS FÜR DEN PAPIERFLIEGER-KONSTRUKTEUR

Wenn du viele oder gar alle Flugzeuge aus diesem Buch gefaltet und zum Fliegen gebracht hast, weißt du, worauf es beim Konstruieren von Papierfliegern mit guten Flugeigenschaften ankommt, und kannst eigene Modelle entwerfen.

Am besten nimmst du zunächst kleine Änderungen an den Modellen aus diesem Buch vor: Du kannst z. B. Flügelspitzen und Flossen anbringen oder die Rumpflänge variieren.

Dann geht es ans Entwerfen: Nimm einen Stoß Schreibmaschinenpapier und experimentiere mit Formen und Falzen. Lass dich nicht beirren – es ist ganz normal, dass man erst viele Blindgänger faltet, bevor man ein wirklich gutes neues Design gefunden hat. Denk daran, dass der Bug ausreichend schwer und widerstandsfähig sein muss; du erreichst dies durch mehrfaches Falten.

Gewöhnliches Schreibmaschinen- oder Kopierpapier eignet sich für die meisten Entwürfe, aber du kannst es auch mit anderen Papiersorten versuchen. Mal deine Flugzeuge mit Filz- oder Farbstiften an oder verziere sie mit Stickern.

FANG DEN FLIEGER!

Für dieses Spiel, an dem zwei oder mehr Personen teilnehmen können, wird mindestens ein Flieger gebraucht. Geeignet ist jedes Modell, besonders empfehlenswert aber sind Schmetterling, Pizza und Vampir. Die Spieler stehen zunächst nahe beisammen, dann macht jeder zwei große Schritte zurück. Nun wird der Flieger wie ein Ball hin und her geworfen. Der jeweilige Fänger versucht ihn am Rumpf zu erwischen, damit er nicht zerdrückt wird. Hat jeder den Flieger mehrmals erfolgreich geworfen und gefangen, gehen alle einen Schritt weiter auseinander. Dies lässt sich so lange fortsetzen, bis die Entfernung zu groß wird oder eine Wand oder ein Möbelstück im Weg ist.

Variante: Wenn alle Spieler fit sind, kann man pro Person einen Flieger einsetzen. Dann bekommt das Spiel mehr Tempo, denn jeder wirft und fängt gleichzeitig!

ZIELWERFEN

Wähle ein beliebiges Ziel aus – möglichst nicht deinen kleinen Bruder oder euren Hund, sondern z. B. einen Sessel oder – wenn du dir vorstellst, dass du auf einem Flugzeugträger landest – das Ende eines Tisches oder eines Bügelbretts. Geeignete Fliegermodelle sind Segler, Great White und Thunderbolt. Stell dich etwa 3 m von deinem Ziel entfernt auf und versuche es genau zu treffen. Nach drei erfolgreichen Landungen trittst du einen großen Schritt zurück und probierst es erneut. Wiederhole dies, bis du an eine Wand kommst oder zu weit entfernt bist.

Das Spiel macht alleine ebenso viel Spaß wie mit Freunden. Bei mehreren Personen erhält jeder pro gelungener Landung einen Punkt. Gewinner ist, wer nach z. B. 20 Runden die meisten Punkte hat.

PAPIERFLIEGER-GOLF

Dieses Spiel wird nicht wie sein Vorbild auf einer Rasenfläche mit Golfball und -schläger, sondern zu Hause mit dem Arm und einem Papierflieger gespielt. Du kannst es alleine oder mit Freunden spielen.

Suche dir drei bis neun Landeplätze als „Löcher": z. B. Stühle, Tische oder kleine Teppiche. Sie müssen nicht immer genau einen Wurf auseinander liegen und können sich sogar in verschiedenen Räumen befinden (beim Golf sind zwischen manchen Löchern drei bis fünf Schläge nötig). Wenn du die „Löcher" mit nummerierten Zetteln versiehst, weißt du immer, welches als Nächstes anzufliegen ist. Am besten geeignet sind die Modelle Vampir, Pizza und Schmetterling. Ziel des Spiels ist es, mit der geringstmöglichen Anzahl von Würfen auf allen Plätzen 1-mal zu landen. Wenn du eine Strecke festgelegt hast, die ein paar Schwierigkeiten aufweist und außerdem Spaß macht, notierst du dir die Position der „Löcher". So kannst du später wieder unter gleichen Bedingungen spielen und dein Ergebnis verbessern.

WISSENSWERT

Die längste Flugstrecke, die ein Papierflieger, der in einem geschlossenen Raum geworfen wurde, je erreichte, beträgt 58,8 m. Diesen Rekord erzielte Tony Feltch in La Crosse/ Wisconsin am 21. Mai 1985.

Flieger an der Leine

FLIEGER AN DER LEINE

Dieses Spiel vertreibt die Langeweile und ist deshalb ideal, wenn du krank bist und das Bett hüten musst. Du brauchst lediglich einen Papierflieger (ganz gleich welches Modell), ungefähr 4,5 m Bindfaden oder kräftigen Zwirn und Klebestreifen. Kleb den Faden etwa dort fest, wo du den Flieger zum Werfen hältst. Das andere Ende bindest du dir ums Handgelenk. Suche dir nun ein Ziel in etwa 3 m Entfernung und fliege es möglichst genau an.

Fliegen im Freien

Der Hauptunterschied zwischen dem Fliegen in geschlossenen Räumen und im Freien ist das Wetter. Regen und Dunkelheit verderben jedem Papierflieger-Piloten den Spaß. Der Wind hingegen kann sich als „williger Mitspieler“ erweisen und deinen Flieger lange in der Luft halten und über weite Entfernungen tragen.

Wenn du möchtest, dass dein Papierflugzeug weit fliegt, wirfst du es mit dem Rücken zum Wind sanft nach vorn (also in die Richtung, in die der Wind weht). Du machst dir – genau wie ein richtiger Pilot – den Rückenwind zu Nutze und dein Flieger schafft mit geringem Energieaufwand eine weite Strecke.

Auch vom Gegenwind kannst du profitieren, indem du den Flieger direkt hineinwirfst (du stehst dann mit dem Gesicht zum Wind). Der zusätzliche Luftstrom um die Tragflächen verstärkt den Auftrieb und lässt den Flieger hoch emporsteigen. Er bleibt lange in der Luft, fliegt aber nicht sehr weit, weil ihm der Wind entgegenweht.

Thermische Aufwinde tragen Papierflieger ebenfalls weit nach oben. Solche Luftbewegungen (auch Thermik genannt) entstehen zumeist an sonnigen Tagen über trockenem Gelände, z. B. über einem asphaltierten Parkplatz. Wenn die Sonne auf den dunklen Asphalt scheint, heizt dieser sich auf und die warme Luft beginnt als Säule aufzusteigen.

WISSENSWERT

Segelflieger haben, genau wie Papierflieger, keinen Motor. Dennoch können sie Entfernungen bis zu 1600 km am Stück zurücklegen und erreichen Höhen bis zu 13 km.

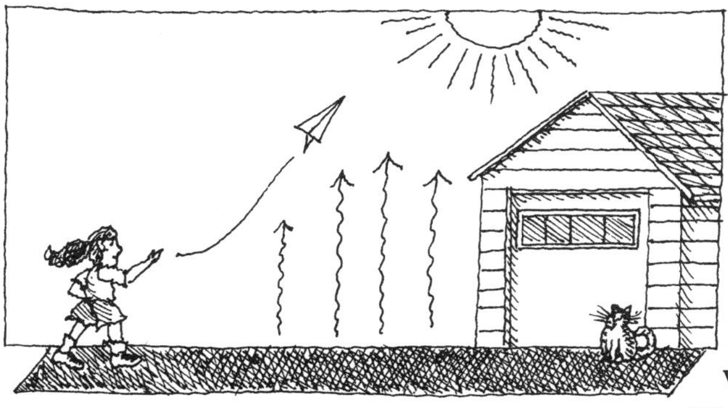

Mit thermischen Aufwinden geht es hoch empor.

Wechselt der Wind plötzlich die Richtung, kann dies auf einen entstehenden thermischen Aufwind in der Nähe hindeuten. Wirf deinen Flieger möglichst hoch und vor allem rasch in die Windrichtung, denn thermische Aufwinde sind eine eher kurzzeitige Erscheinung. Möglicherweise steigt dein Flieger nicht sofort in schwindelnde Höhen; die Thermik ist nämlich nicht ganz leicht zu erwischen.

Im Freien bieten sich dank des üppigen Platzangebots und des Windes jede Menge Möglichkeiten für fantasievolle Flugspiele. Meine drei Lieblingsspiele sind die folgenden:

LANGSTRECKENFLUG

Welche Flugstrecke schaffst du mit einem Papierflieger? Falte ein Flugzeug (ich empfehle die Modelle Vampir oder Pizza) und suche dir ein größeres Gelände, z. B. eine Wiese oder einen Spielplatz. Dann stellst du fest, woher der Wind kommt, indem du ein paar Grashalme oder ein Stück Papier hochwirfst. In die Richtung, in die der Wind das Gras oder Papier trägt, wirfst du deinen Flieger, und zwar kräftig, damit er möglichst weit fliegt. Wirf mehrmals vom gleichen Punkt aus, um deine Weite zu verbessern, oder fordere Freunde zum Wettkampf heraus.

PAPIERFLIEGER-RUNDLAUF

Bei diesem Spiel geht es darum, möglichst schnell eine Runde um ein frei stehendes Gebäude zu fliegen. Jeder Mitspieler faltet einen Papierflieger (ideal geeignet sind die Modelle Vampir und Pizza). Stellt euch an der Startlinie auf und werft alle gleichzeitig. Dann rennt jeder seinem Flieger nach, hebt ihn auf und wirft ihn erneut. Gewinner ist derjenige, dessen Flugzeug als Erstes wieder die Startlinie überfliegt.

SOLO FANGEN

Einen Papierflieger aufzufangen erfordert Geschick. Du stellst deinen Flieger (ideal sind World Record Paper Airplane oder Schmetterling) auf langsamen Flug ein. Dann wirfst du ihn hoch in den Wind, läufst ihm nach und versuchst ihn zu erwischen, bevor er den Boden berührt. Dass du beim Fangen vorsichtig bist, versteht sich von selbst: Schließlich soll der Flieger heil bleiben.

Spaß mit Kunstflügen

Wenn du dir eine gewisse Fertigkeit im Trimmen angeeignet hast und deine Papierflugzeuge nach Wunsch fliegen, kannst du dich an Kunstflugfiguren versuchen. Kunstfliegen, auch Aerobatik genannt, erfordert spezielle Einstellungen und Wurftechniken. Sie sind nicht weiter kompliziert – die Ergebnisse allerdings verblüffen! Ideal ist das Modell Aerobat, aber auch das World Record Paper Airplane eignet sich.

LOOPINGS

Im Jahr 1913 vollführte ein Flugzeug erstmals vor staunenden Zuschauern einen Looping. Wie man mit Papierfliegern Loopings fliegt – also vertikale Kreise in der Luft beschreibt –, kann jeder lernen. Üben sollte man in einem Raum mit hoher Decke oder im Freien.

SO WIRD'S GEMACHT

Führe ein paar Testflüge durch und stell den Flieger auf Geradeausflug ein. Dann biegst du die Höhenruder weit nach oben (sie sollten nahezu senkrecht stehen).

Halte den Flieger etwas hinter der Schulter und wirf ihn sanft senkrecht nach oben. Er sollte um ca. 50 cm bis 1 m steigen, stoppen, sich rückwärts überschlagen, abwärts fliegen und kurz vor dem Boden hochziehen. Es erfordert etwas Übung, bis man die Wurftechnik heraus hat, aber die Ergebnisse sind es wert!

> **WISSENSWERT**
>
> ***Für richtige Flugzeuge liegt der Rekord im „Dauer-Loopingfliegen" bei 2368 – allein die Zahl macht einen schwindlig! Er wurde 1986 von David Childs in einer Belanca Decathlon, einer Kunstflugmaschine mit Propellerantrieb, aufgestellt.***

STURZFLÜGE

Bei einem Sturzflug fliegt das Flugzeug senkrecht nach unten und zieht im letzten Moment seitlich weg. Mit Papierfliegern erzielt man selbst bei geringer Abwurfhöhe wirkungsvolle Sturzflüge.

SO WIRD'S GEMACHT
Stell die Höhenruder deines Fliegers stark an und halte ihn hoch über den Kopf, genauer: ein wenig davor. Wenn du nicht sehr groß bist, stellst du dich auf einen stabilen Hocker oder Stuhl. Lass den Flieger mit dem Bug voran senkrecht nach unten fallen. Er stößt auf den Boden herab und fängt den Sturzflug kurz davor ab.

MÄNNCHEN

Männchen nennt man eine Figur, bei der der Flieger einen Rückwärts-Sturzflug ausführt: Er fliegt mit senkrecht nach oben weisendem Bug rückwärts auf den Boden zu. Bevor er ihn erreicht, rutscht er über den Schwanz ab, fliegt erneut abwärts und fängt sich ab.

SO WIRD'S GEMACHT
Stell dich eventuell auf einen stabilen Hocker oder Stuhl und halte den Flieger wie für den Sturzflug, nur muss sein Bug nach oben weisen. Wenn du ihn fallen lässt, fliegt er rückwärts nach unten, überschlägt sich und zieht kurz vor dem Boden weg.

KREISE

Hast du jemals einen Bumerang fliegen sehen? Dann weißt du, dass er zum Werfer zurückkehrt, der ihn aus der Luft fängt. Mit Geduld und Übung schaffst du das auch mit einem Papierflieger: Er fliegt einen Kreis und kommt zu dir zurück.

SO WIRD'S GEMACHT
Führe ein paar Testflüge durch und stell dein Flugzeug für Geradeausflug ein. Dann biegst du die Höhenruder weit nach oben. Wahrscheinlich wird sich der Flieger dadurch beim Geradeausfliegen ruckartig auf und ab bewegen, aber die Einstellung ist nötig, damit er einen Kreis fliegt.

Bist du Rechtshänder, dann lässt du deinen Flieger einen Kreis nach rechts beschreiben. Halte ihn beim Start in Schulterhöhe so vor dich, dass er eine leichte rechtsseitige Schräglage hat. Linkshänder lassen ihren Flieger einen Kreis nach links beschreiben und halten ihn daher in linksseitiger Schräglage.

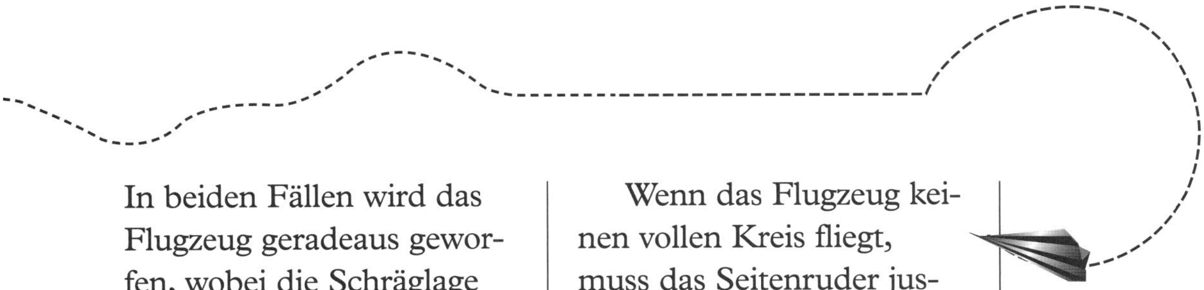

In beiden Fällen wird das Flugzeug geradeaus geworfen, wobei die Schräglage beim Start den Kreisflug bewirkt. Wenn du zu kräftig wirfst, steigt der Flieger; bei einem zu sanften Wurf fliegt er abwärts.

Wenn das Flugzeug keinen vollen Kreis fliegt, muss das Seitenruder justiert werden: Rechtshänder stellen es nach rechts, Linkshänder nach links.

Mit etwas Übung werden dir bald perfekte Kreisflüge gelingen: Der Flieger kehrt dann exakt zum Startpunkt zurück und du kannst ihn aus der Luft fangen.

EIN MOBILE AUS PAPIERFLIEGERN

Gibt es eine bessere Möglichkeit Papierflieger ständig in ihrem Element – der Luft – zu halten als ein Mobile? Es ist schnell und leicht zu bauen.

DU BRAUCHST:

- 3 Metallkleiderbügel
- Verschlussclips (wie sie manchmal an Verpackungen aus Plastikfolie zu finden sind)
- Klebstreifen
- Bindfaden oder kräftigen Zwirn
- deine fünf Lieblingsflieger

1. Hänge einen Kleiderbügel an einer Stelle auf, die genug Platz zum Arbeiten bietet, z. B. in einem leeren Wandschrank. Falls du nicht gern im Stehen arbeitest, kannst du einen Besenstiel über die Lehnen zweier Stühle legen und den Kleiderbügel daran aufhängen.

2. Hänge die zwei anderen Kleiderbügel rechts und links am ersten ein. Mach sie mit einem Verschlussclip fest, damit sie nicht hin und her rutschen.

3. Falte fünf Papierflugzeuge oder nimm bereits fertige. Ich verwende für Mobiles gern „gebrauchte" Flieger. So kann ich Flugzeuge, die ein paar Mal zu hart gelandet sind, „wieder verwerten".

4. Schneide fünf 50 bis 75 cm lange Stücke Bindfaden oder Zwirn ab und lege sie doppelt. Nimm dann den ersten Flieger zur Hand und suche seinen Schwerpunkt – das ist die Stelle, an der er gerade hängt und sein Bug nicht nach oben oder unten weist. Kleb das Schlingenende des Bindfadens oder Zwirns auf diesen Punkt. Vielleicht musst du den Klebstreifen verschieben, bis du die richtige Stelle getroffen hast (drück ihn deshalb anfangs nur leicht an).

5. Binde an jeder Ecke der beiden unteren Bügel einen Flieger fest. Du kannst die Fäden unterschiedlich lang machen, achte aber darauf, dass die Kleiderbügel im Gleichgewicht bleiben. Das fünfte Flugzeug befestigst du so in der Mitte des oberen Bügels, dass es höher hängt als die vier übrigen. Fixiere die Stellen, an denen du die Flieger festgebunden hast, mit Klebstreifen oder Verschlussclips und bitte dann einen Erwachsenen das Mobile an einer geeigneten Stelle aufzuhängen. Nun können deine Flieger bei jedem Luftzug fröhlich umhertanzen.

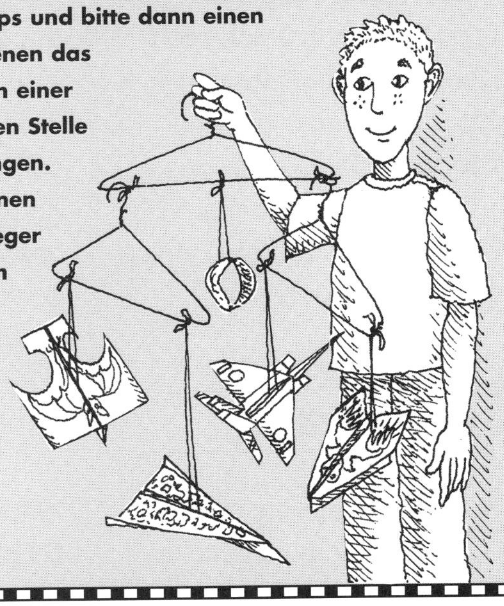

So wird ein Flugwettkampf organisiert

Wenn du mit Freunden Papierflugzeuge fliegen lässt, wollt ihr sicherlich wissen, wer den besten Flieger hat und wer der beste Pilot ist. So wird aus einer Freizeitbeschäftigung unversehens ein inoffizieller Flugwettkampf. Wettkämpfe machen aus zwei Gründen Spaß: Zum einen ist jeder gefordert sein Bestes zu geben und zum anderen kann man im Vergleich mit Freunden lernen und seine Technik verbessern. Einen Flugwettkampf kannst du ohne viel Mühe auf die Beine stellen.

In diesem Kapitel werden zwei Disziplinen behandelt: längste Flugzeit und größte Flugweite. Für einen Wettkampf genügen zwei Teilnehmer, interessanter ist es aber, wenn drei bis sechs Personen mitmachen. So wird der Wettkampf spannend, aber nicht unübersichtlich.

GRÖSSTE FLUGWEITE

Als Austragungsort bietet sich ein großer Raum an – dann wird niemand durch plötzliche Windböen benachteiligt oder begünstigt.

Welche Weiten sind als gut zu betrachten? 5 m sind recht beachtlich, 10 m sehr gut und 15 m ein Ergebnis, mit dem man bei den meisten Wettkämpfen erwachsener Teilnehmer gewinnt. Der Flugweite-Weltrekord in geschlossenen Räumen liegt bei fast 61 m. Viel Erfolg!

WAS WIRD GEBRAUCHT? Kreppband oder Seil, Papierflieger und Preise (nichts Teures – eine Kleinigkeit zum Naschen oder ein Sticker genügt).

WAS IST ZU TUN? Als Erstes muss ein Aus-

tragungsort gefunden werden. Sporthallen sind hervorragend geeignet, ebenso lange Flure und sehr große Räume. Wenn ihr keine geeignete Räumlichkeit findet, geht ihr ins Freie. Allerdings sollte es nicht zu windig sein.

Dann markiert ihr mit Kreppband (im Freien mit einem Stück Seil) eine Startlinie und faltet eure Flugzeuge. Ihr könnt euch auf ein bestimmtes Modell einigen oder unterschiedliche Flieger nehmen. Damit klar ist, welcher Flieger wem gehört, schreibt jeder seinen Namen darauf.

Vor dem Start macht jeder ein paar Übungsflüge. Danach stellen sich die Teilnehmer nacheinander hinter der Startlinie auf und werfen. Die Flieger bleiben an ihren Landestellen liegen, bis alle geworfen haben. Gewonnen hat derjenige, dessen Flugzeug am weitesten von der Startlinie entfernt liegt.

Wenn ihr noch eine zweite Runde macht, markiert jeder seine Landestelle aus der ersten Runde (z. B. mit einem Klebstreifen oder mit einem Steinchen), bevor er erneut wirft. So könnt ihr feststellen, wer sich verbessert hat.

NÜTZLICHE TIPPS Am besten verwendest du einen Flieger mit spitzem Bug (etwa das Modell Pizza oder Vampir). Wirf ihn mehrmals und stell ihn für schnellen Geradeausflug ein (d. h. du biegst das Seitenruder nach Bedarf und die Höhenruder minimal nach oben. Wenn die Wettkampfregeln es zulassen, kannst du am Bug eine Büroklammer anbringen. Der Abwurf sollte kräftig und leicht nach oben gerichtet sein.

LÄNGSTE FLUGZEIT

Ich persönlich bevorzuge diese Disziplin, bei der das Flugzeug möglichst lange in der Luft bleiben soll. Du brauchst also einen Flieger, der gut schwebt, und du solltest ihn optimal trimmen können. Hier sind sowohl deine Falt- wie auch deine Flugkünste gefragt.

Welche Zeiten sind als gut zu betrachten? Fünf Sekunden sind bereits ganz gut. Zehn Sekunden sind sehr schwierig zu erreichen: Wenn du nahe an diesen Wert kommst, darfst du dich als Könner bezeichnen. Ich habe jahrelang Gewichte gehoben und geübt, um meine Rekordflugzeit von 18,8 Sekunden zu erreichen.

WAS WIRD GEBRAUCHT? Stoppuhr, Bleistift und Notizblock, Papierflieger und Preise (Süßigkeiten oder Sticker).

WAS IST ZU TUN? Legt zunächst fest, wo ihr den Wettkampf abhalten wollt. Ideal ist ein geschlossener Raum: So hat niemand Vor- oder Nachteile durch Böen oder thermische Aufwinde. Der Raum muss eine sehr hohe Decke haben (geeignet ist z. B. eine Sporthalle). Notfalls tut es auch ein größeres Gelände im Freien. Legt den Wettkampf dann aber auf einen relativ windstillen Tag. Wenn alles Nötige bereitliegt, falten die Teilnehmer ihre Flieger (sofern sie nicht bereits fertige mitgebracht haben). Ob jeder einen Flieger nach Wahl nimmt oder ob alle das gleiche Modell verwenden, wird im Voraus festgelegt. Vor dem Start macht jeder ein paar Übungsflüge und trimmt seinen Flieger. Ein Teilnehmer wird zum Zeitnehmer, ein anderer zum Punktrichter bestimmt (selbstverständlich nicht für die eigenen Flüge!). Der Zeitnehmer stoppt die Zeit für jeden Flug: Sie läuft ab dem Moment, in dem der Werfer das Flugzeug loslässt, und endet, wenn es landet (oder etwas berührt). Der Punktrichter notiert den Namen des Werfers und die erreichte Zeit.

Gewonnen hat derjenige, dessen Flieger die Tagesbestzeit erzielt. Haben zwei Teilnehmer (nach einer oder mehreren Runden) einen Gleichstand, findet ein Stechen um den ersten Platz statt.

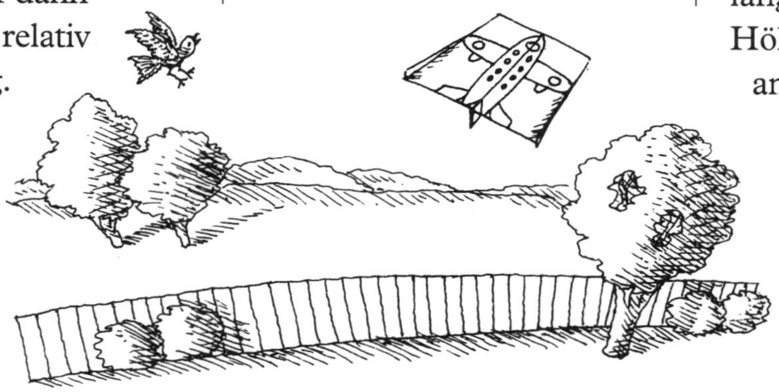

NÜTZLICHE TIPPS Verständlicherweise empfehle ich für diese Disziplin das World Record Paper Airplane, aber auch mit den Modellen Aerobat und Vampir hat man gute Chancen. Probiere aus, welches dir am besten liegt. Richte es für langsamen Flug aus – die Höhenruder werden stark angestellt, aber nicht so stark, dass das Flugzeug in Wellen auf und ab steigt. Wirf es kräftig nach oben. Manche Flieger erreichen senkrecht nach oben geworfen die besten Zeiten, andere dagegen, wenn man sie aus einer leichten Schräglage nicht ganz senkrecht hochwirft.

Die Vereinigung der Papierflieger-Piloten (VPP)

verleiht hiermit

diesen

Papierflieger-Pilotenschein

Dieses Dokument weist den Inhaber als Meister im Falten, Trimmen und Fliegenlassen von Papierflugzeugen aus und berechtigt ihn weniger erfahrenen Papierflieger-Piloten, auch älteren, mit Rat und Tat zur Seite zu stehen.

OFFIZIELLES SIEGEL DER VPP

Ken D. Blackburn
Weltrekordhalter

Jeff Lammers
Präsident

Piloten-Checkliste

VOR DEM START IST ZU PRÜFEN, OB:

1. die Tragflächen gleich groß und gleich geformt sind, sich nicht wölben und mit dem Rumpf eine leichte „Y"-Form bilden;
2. die Höhenruder des Fliegers nach Wunsch für langsamen oder schnellen Flug eingestellt sind;
3. das Seitenruder nach Wunsch für Geradeaus- oder Wendeflug eingestellt ist;
4. der Arm des Piloten in gutem Zustand ist, damit der Wurf sicher und gleichmäßig wird;
5. die Büroklammer, die der Pilot eventuell am Bug angebracht hat, noch richtig sitzt (nach mehreren Landungen ist sie oft verrutscht);
6. die Rahmenbedingungen stimmen: keine Spaziergänger, Tiere usw. auf dem Gelände, günstiges Flugwetter (im Freien ist die Windrichtung zu ermitteln).

Falten, Trimmen und Werfen

DER Vampir

Dieser „unheimlich“ gute Flieger, für den Graf Dracula Modell stand, hat relativ viel Papier am Bug; das macht ihn stabil und damit ideal für lange Geradeausflüge. Aber auch für Präzisionsflüge ist er geeignet: Mit etwas Übung schaffst du mit ihm Punktlandungen. Am besten fliegt der Vampir, wenn du die Höhenruder leicht anstellst – aber nicht zu stark, denn der Flieger reagiert sehr empfindlich. Und vergiss nicht: Lass den Vampir nie nach Sonnenuntergang fliegen!

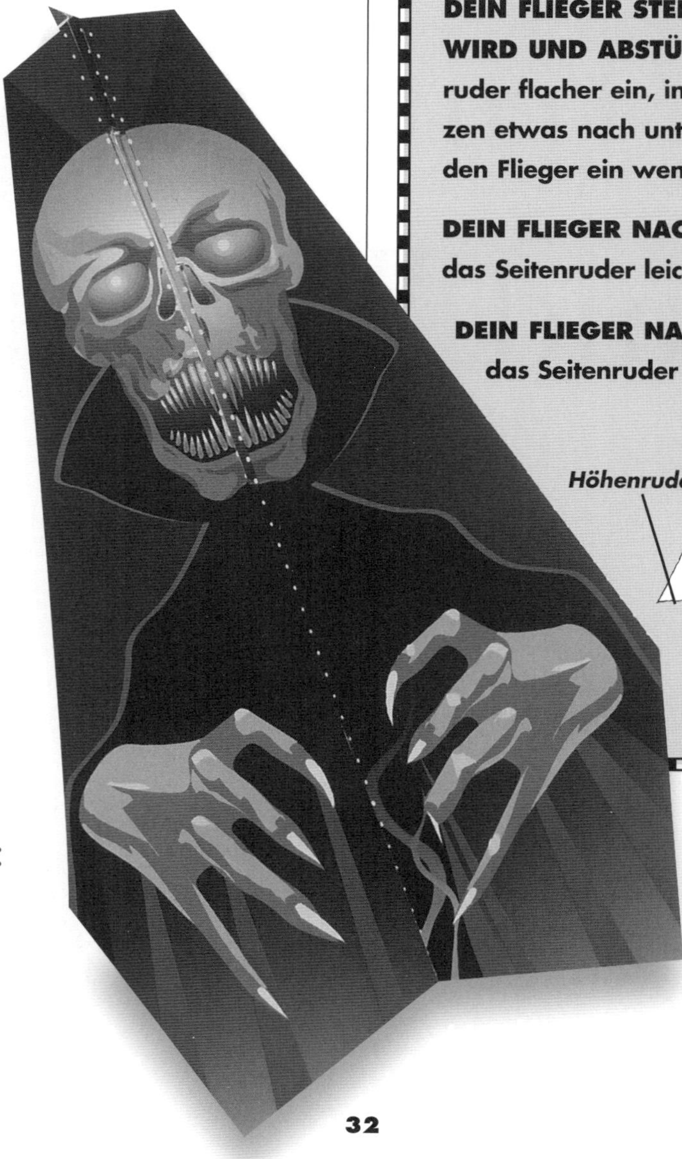

WAS TUN, WENN

DEIN FLIEGER ABSTÜRZT: Stell die Höhenruder an, indem du die Flügelspitzen leicht nach oben biegst. Oder wirf den Flieger etwas kräftiger. HINWEIS: Der Vampir reagiert empfindlich auf Einstellungen an den Höhenrudern, stell sie nur leicht an.

DEIN FLIEGER STEIGT, LANGSAMER WIRD UND ABSTÜRZT: Stell die Höhenruder flacher ein, indem du die Flügelspitzen etwas nach unten biegst. Oder wirf den Flieger ein wenig sanfter.

DEIN FLIEGER NACH RECHTS ZIEHT: Biege das Seitenruder leicht nach links.

DEIN FLIEGER NACH LINKS ZIEHT: Biege das Seitenruder leicht nach rechts.

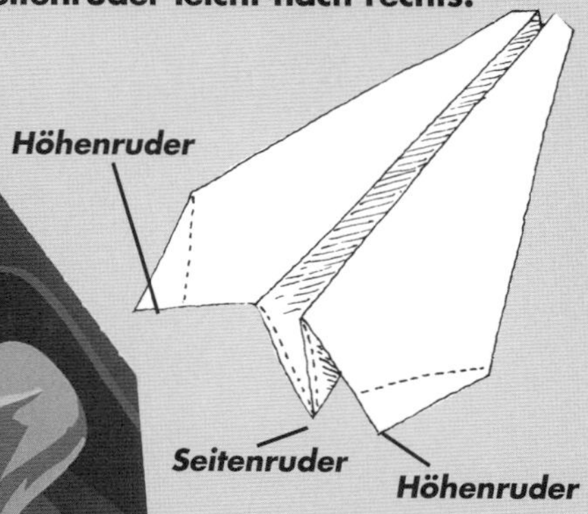

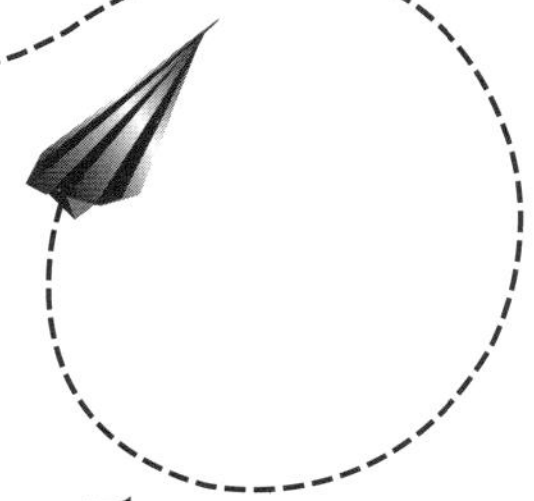

Den Vampir falten

Nicht vergessen: An den gestrichelten Linien nach innen falten (sodass sie nicht mehr zu sehen sind) und an den gepunkteten Linien nach außen falten (sodass sie entlang der Falze sichtbar sind).

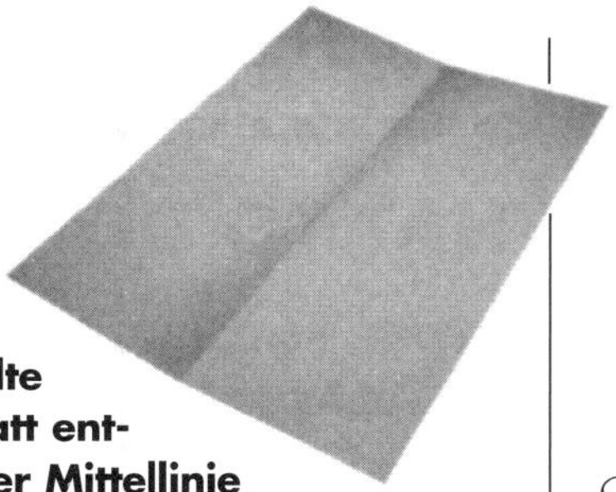

1. **Falte das Blatt entlang der Mittellinie (Linie 7) zusammen und klapp es wieder auf.**

2. **Falte entlang Linien 1 und 2 nach innen.**

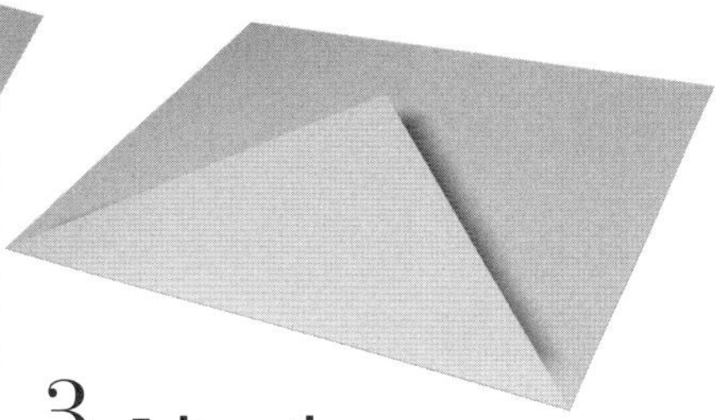

3. **Falte entlang Linie 3 nach oben.**

4. **Falte entlang Linien 4 und 5 nach innen.**

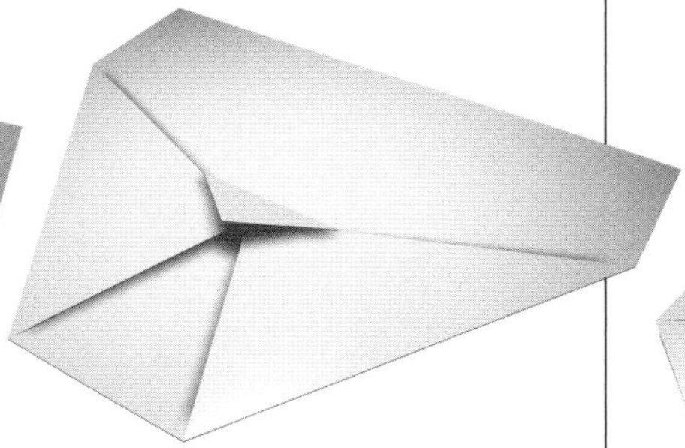

5. **Falte die Spitze entlang Linie 6 nach unten.**

6. **Falte den Flieger entlang der Mittellinie (Linie 7) zusammen.**

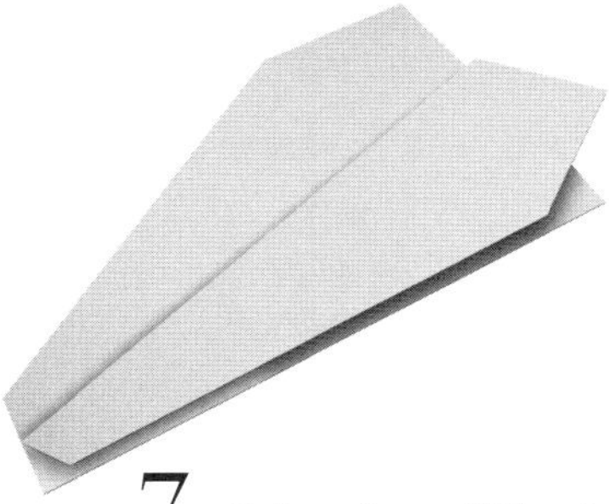

7. **Falte einen Flügel entlang Linie 8 zurück.**

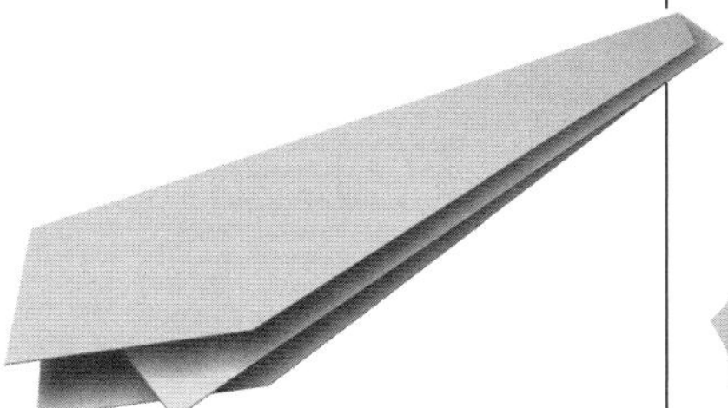

8. **Dreh den Flieger um und falte den anderen Flügel entlang Linie 9 zurück.**

9. **Klapp die Flügel hoch, sodass sie mit dem Rumpf ein flaches „Y" bilden. Für einen optimalen Flug stellst du die Höhenruder leicht an.**

DIE Pizza

Beim Anblick einer fliegenden Pizza läuft wohl jedem das Wasser im Munde zusammen! Dieser Pizza-Flieger hat die klassische Pfeilform. Er ist schnell gefaltet, sieht gut aus, und wenn du die Höhenruder etwas anstellst, fliegt er hervorragend – sowohl weit als auch zielgenau. Eine Büroklammer am Bug verleiht ihm Stabilität. Du brauchst nur Acht zu geben, dass niemand von deinem Flieger abbeißt!

WAS TUN, WENN

DEIN FLIEGER ABSTÜRZT: Stell die Höhenruder an, indem du die Flügel hinten ein wenig nach oben biegst. Oder wirf den Flieger etwas kräftiger.

DEIN FLIEGER STEIGT, LANGSAMER WIRD UND ABSTÜRZT: Stell die Höhenruder flacher ein, indem du die Flügel hinten etwas nach unten biegst. Oder wirf den Flieger ein wenig sanfter.

DEIN FLIEGER NACH RECHTS ZIEHT: Biege das Seitenruder leicht nach links.

DEIN FLIEGER NACH LINKS ZIEHT: Biege das Seitenruder leicht nach rechts.

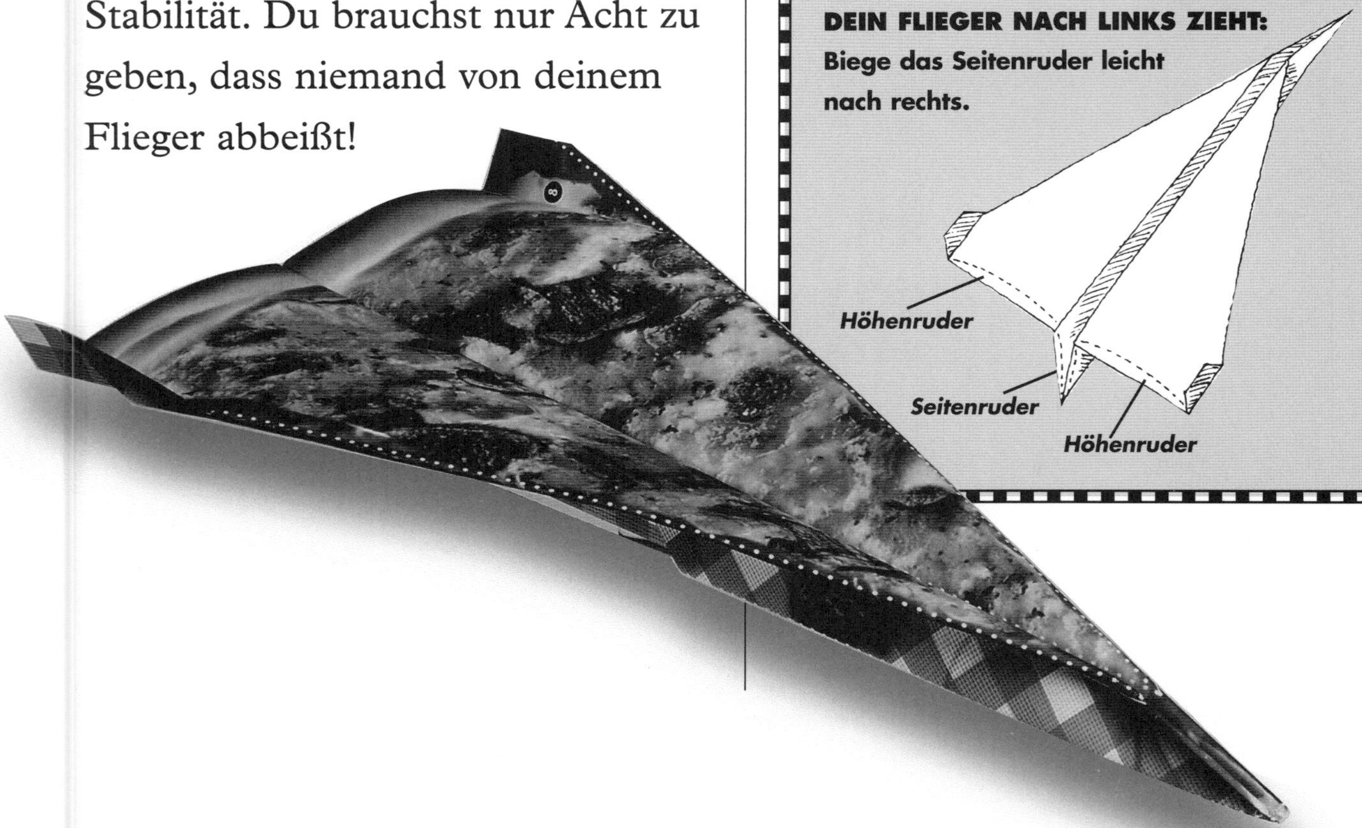

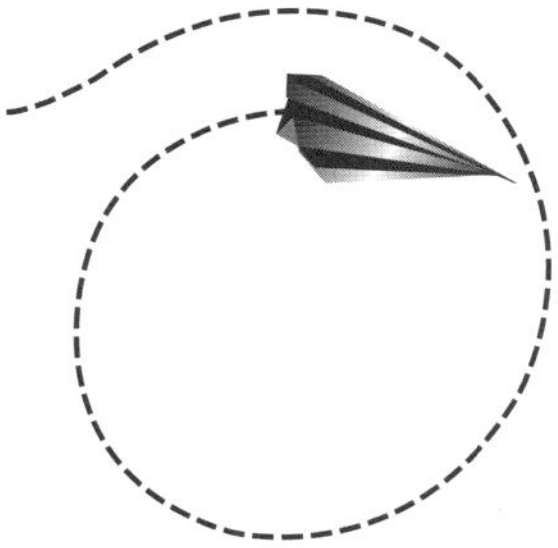

Die Pizza falten

Nicht vergessen: An den gestrichelten Linien nach innen falten (sodass sie nicht mehr zu sehen sind) und an den gepunkteten Linien nach außen falten (sodass sie entlang der Falze sichtbar sind).

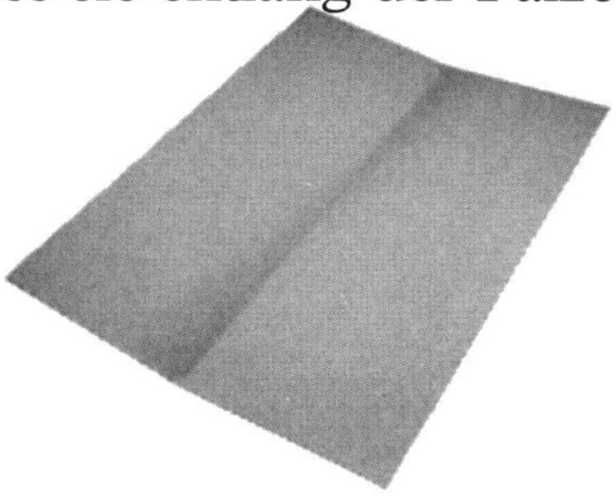

1. **Falte das Blatt entlang der Mittellinie (Linie 5) zusammen und klapp es wieder auf.**

2. **Falte entlang Linien 1 und 2 nach innen.**

3. **Falte entlang Linien 3 und 4.**

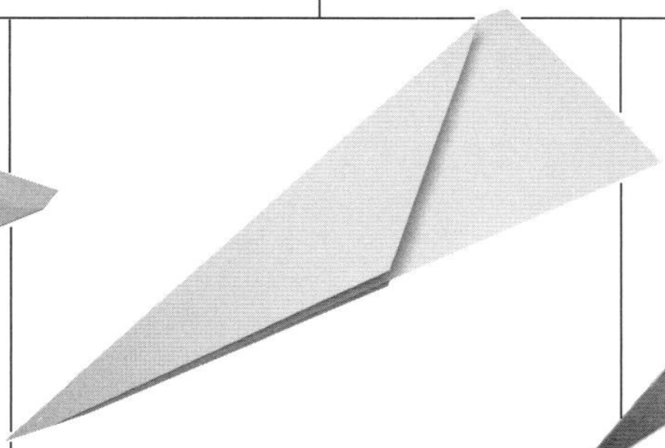

4. **Falte den Flieger entlang Linie 5 zusammen.**

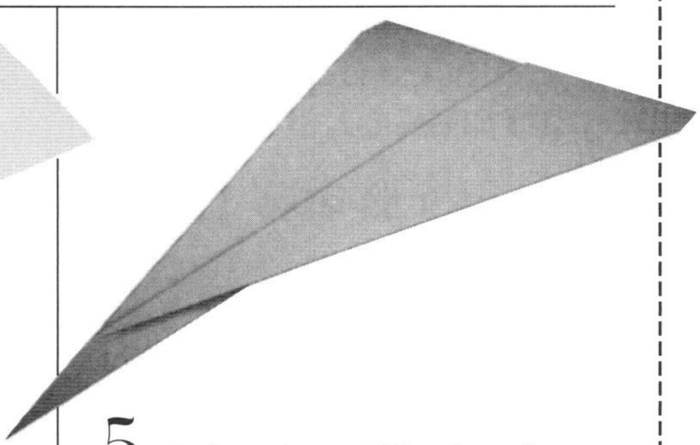

5. **Falte einen Flügel entlang Linie 6 zurück.**

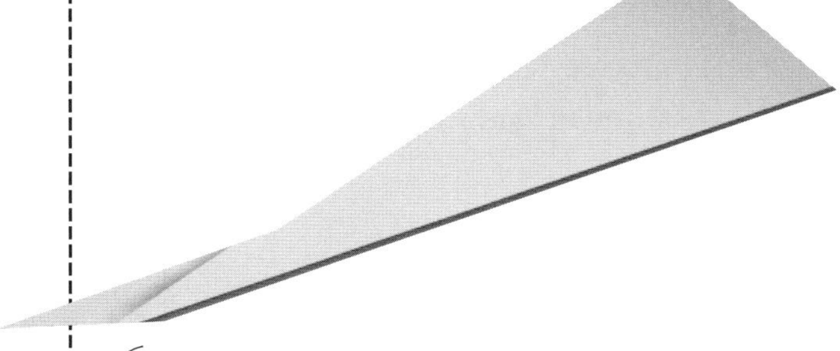

6. **Dreh den Flieger um und falte den anderen Flügel entlang Linie 7 zurück.**

7. **Klapp die Flügel hoch und knicke ihre Spitzen entlang Linien 8 und 9 nach oben. Achte darauf, dass sie mit dem Rumpf ein „Y" bilden. Für optimalen Flug die Höhenruder leicht anstellen.**

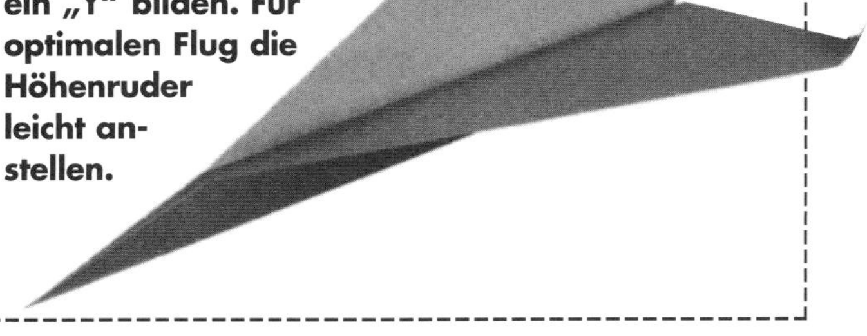

DER Segler

Wie ein richtiges Segelflugzeug hat dieser Papierflieger lange schmale Tragflächen: Sie verbessern die Flugleistung. Segelflugzeuge haben keinen Motor; sie werden von einem Motorflugzeug in die Luft gezogen und gleiten dank thermischer Aufwinde und anderer Luftströmungen stundenlang dahin. Auch dein Segler kann längere Strecken zurücklegen.

HINWEIS: Dieser Flieger hat keinen Rumpf zum Festhalten. Halte ihn (wie auf dem Bild) mit der gefalteten Kante nach vorn: Der Zeigefinger liegt oben, Daumen und Mittelfinger unten. Dann gibst du ihm einen leichten Schubs.

WAS TUN, WENN

DEIN FLIEGER ABSTÜRZT: Stell die Höhenruder an, indem du die Flügel hinten ein wenig nach oben biegst. Oder wirf den Flieger etwas kräftiger.

DEIN FLIEGER STEIGT, LANGSAMER WIRD UND ABSTÜRZT: Stell die Höhenruder flacher ein, indem du die Flügel hinten etwas nach unten biegst. Oder wirf den Flieger ein wenig sanfter.

DEIN FLIEGER NACH RECHTS ZIEHT: Biege das Seitenruder leicht nach links.

DEIN FLIEGER NACH LINKS ZIEHT: Biege das Seitenruder leicht nach rechts.

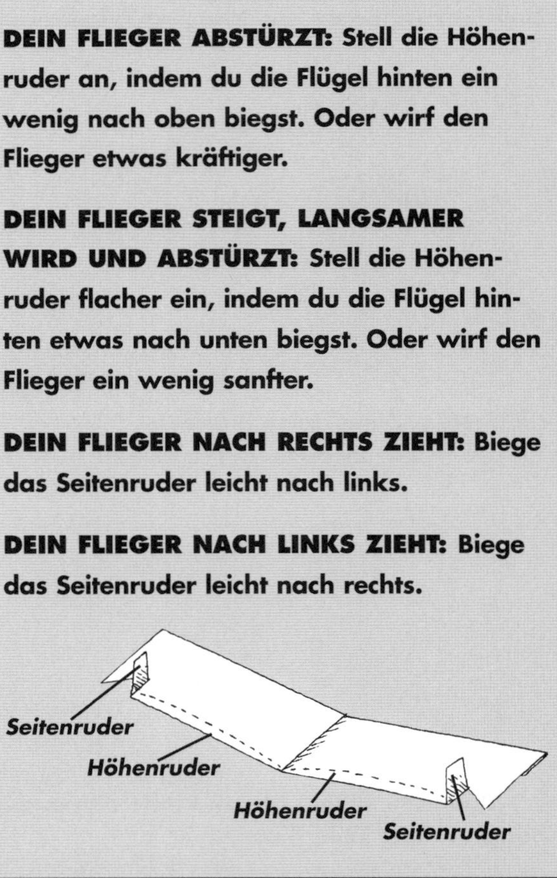

Den Segler falten

Nicht vergessen: Entlang der durchgehenden Linien schneiden. An den gestrichelten Linien nach innen falten (sodass sie nicht mehr zu sehen sind), an den gepunkteten Linien nach außen falten (sodass sie entlang der Falze sichtbar sind).

1. **Schneide das Blatt wie vorgegeben in drei Teile.**

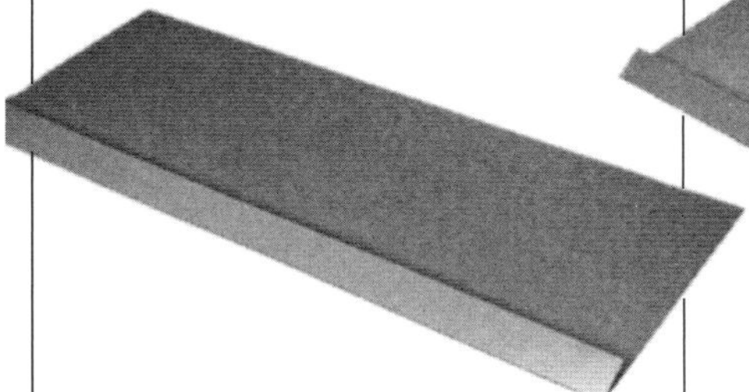

2. **Nimm einen Teil und falte entlang Linie 1 nach oben.**

3. **Falte entlang Linie 2.**

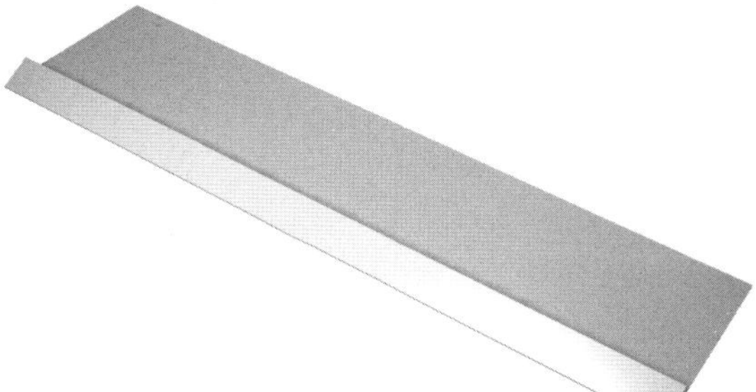

4. **Falte entlang Linie 3.**

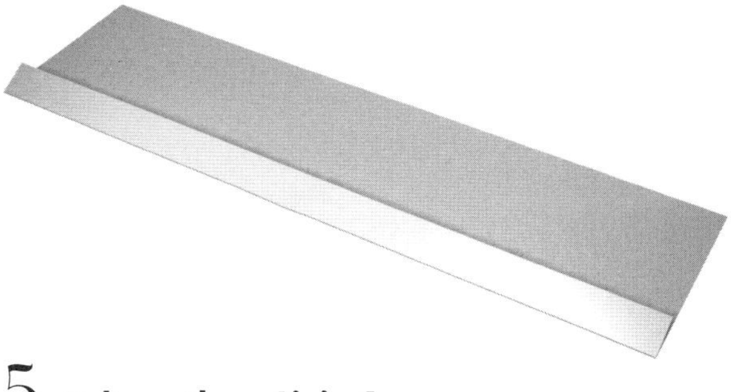

5. **Falte entlang Linie 4.**

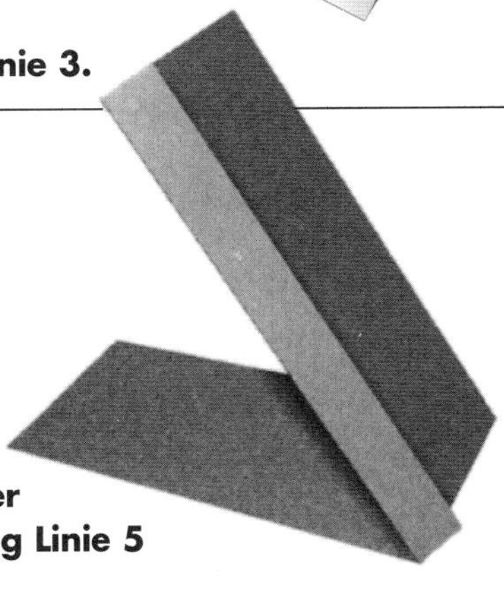

6. **Dreh den Flieger und falte ihn entlang Linie 5 zusammen.**

7. **Schneide an den Flügelkanten entlang der durchgehenden weißen Linien und knicke die Flügelspitzen entlang Linien 6 und 7 nach oben. Die Flügel sollten ein „V" bilden.**

Robo-Chopper

Hast du dich schon einmal gefragt, was passiert, wenn bei einem fliegenden Hubschrauber der Motor ausfällt? Nein, er stürzt nicht ab! Die um die Rotorblätter strömende Luft dreht diese weiter und bewirkt einen Auftrieb, sodass der Hubschrauber langsam zu Boden sinkt. Dieser so genannte Autogiro-Effekt ist auch beim Robo-Chopper zu beobachten. Wenn er senkrecht in die Luft geworfen wird, bleiben die Rotorblätter geschlossen, bis der höchste Punkt erreicht ist, dann klappen sie auf und der Flieger segelt wie ein Miniquirl nach unten. Besonderen Spaß macht es, mehrere Robo-Chopper von hoch oben, z. B. in einem Treppenhaus, fallen zu lassen.

WAS TUN, WENN

DEIN CHOPPER SICH NICHT DREHT: Die Rotorblätter müssen beim Flug leicht nach oben weisen. Ansonsten gibt es bei diesem Modell eigentlich nichts einzustellen. Sollte er dennoch nicht fliegen, dann falte einfach einen neuen.

Die Robo-Chopper falten

Nicht vergessen: Entlang der durchgehenden Linien schneiden. An den gestrichelten Linien nach innen falten (sodass sie nicht mehr zu sehen sind), an den gepunkteten Linien nach außen falten (sodass sie entlang der Falze sichtbar sind).

1. **Schneide die einzelnen Robo-Chopper aus.**

2. **Nimm einen davon und mach Einschnitte entlang der weißen durchgehenden Linien.**

3. **Falte entlang Linien 1 und 2.**

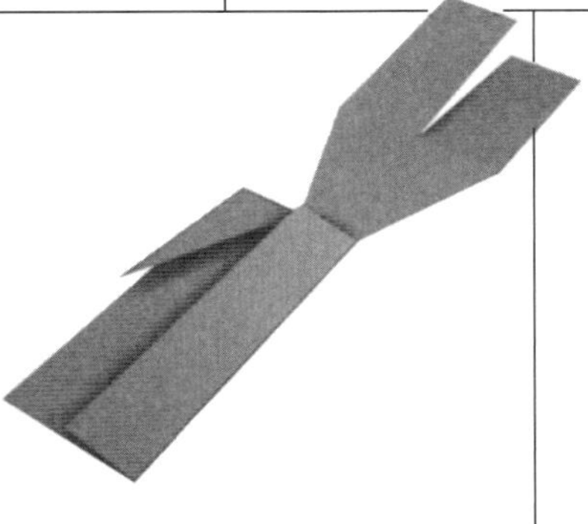

4. **Falte entlang Linie 3.**

5. **Falte entlang Linie 4.**

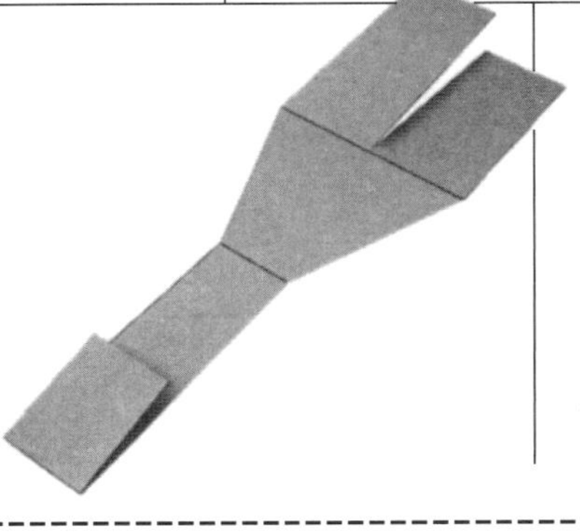

6. **Falte entlang Linie 5 nach oben und kleb den Falz fest.**

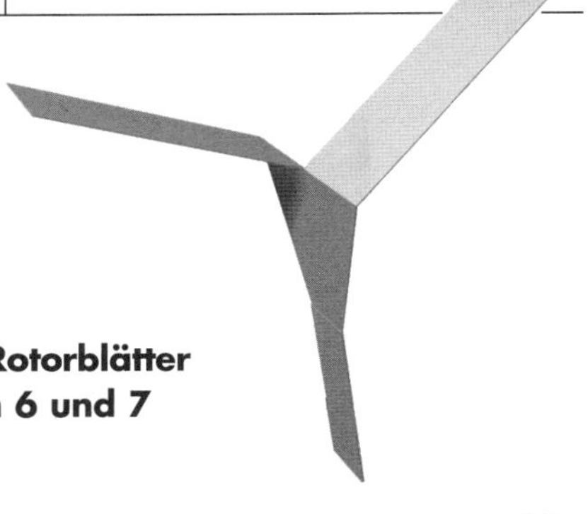

7. **Falte die Rotorblätter entlang Linien 6 und 7 auseinander.**

Aerobat

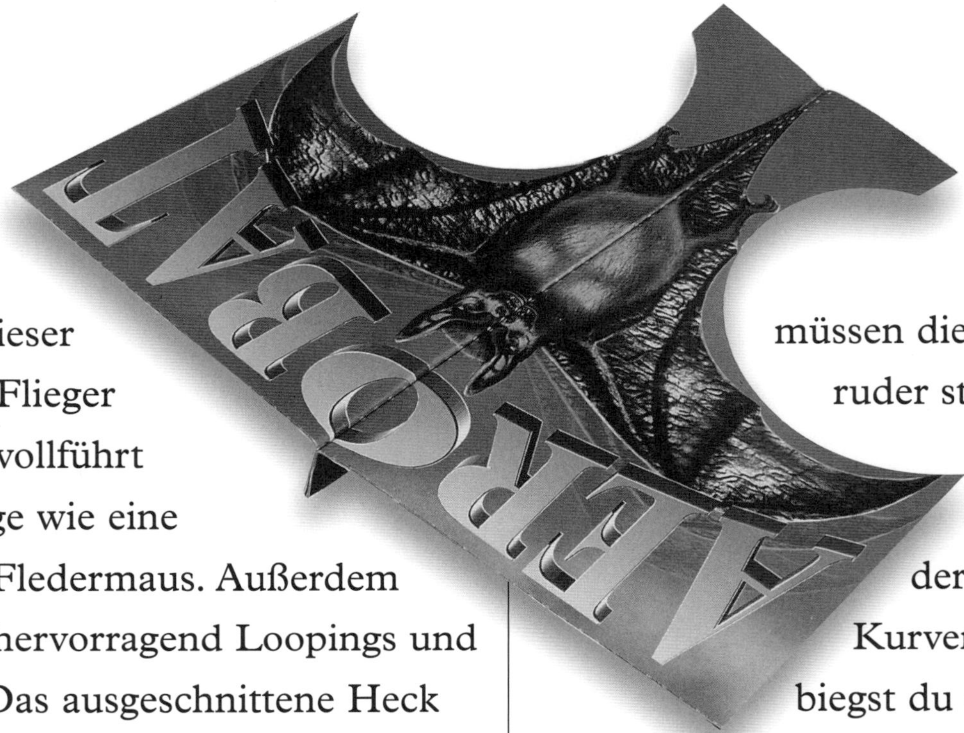

Dieser Flieger vollführt Sturzflüge wie eine richtige Fledermaus. Außerdem fliegt er hervorragend Loopings und Kreise. Das ausgeschnittene Heck stabilisiert beim normalen Flug und bei Kunstflugfiguren. Für Letztere müssen die Höhenruder stark angestellt werden. Damit der Flieger Kurven fliegt, biegst du das Seitenruder leicht und für den Spiralflug stark nach unten.

WAS TUN, WENN

DEIN FLIEGER ABSTÜRZT: Stell die Höhenruder an, indem du das Heck hinten ein wenig nach oben biegst. Oder wirf den Flieger etwas kräftiger.

DEIN FLIEGER STEIGT, LANGSAMER WIRD UND ABSTÜRZT: Stell die Höhenruder flacher ein, indem du das Heck etwas nach unten biegst. Oder wirf den Flieger ein wenig sanfter.

DEIN FLIEGER NACH RECHTS ZIEHT: Biege das Seitenruder leicht nach links.

DEIN FLIEGER NACH LINKS ZIEHT: : Biege das Seitenruder leicht nach rechts.

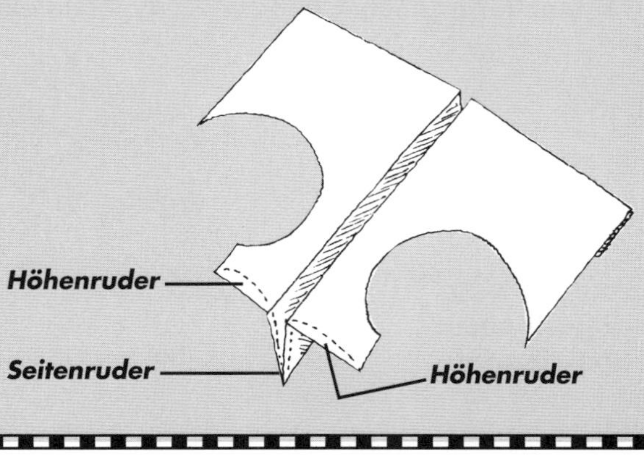

Den Aerobat falten

Nicht vergessen: Entlang den durchgehenden Linien schneiden. An den gestrichelten Linien nach innen falten (sodass sie nicht mehr zu sehen sind), an den gepunkteten Linien nach außen falten (sodass sie entlang der Falze sichtbar sind).

1. **Schneide die Form wie vorgegeben aus.**

2. **Falte entlang Linien 1 und 2 nach innen.**

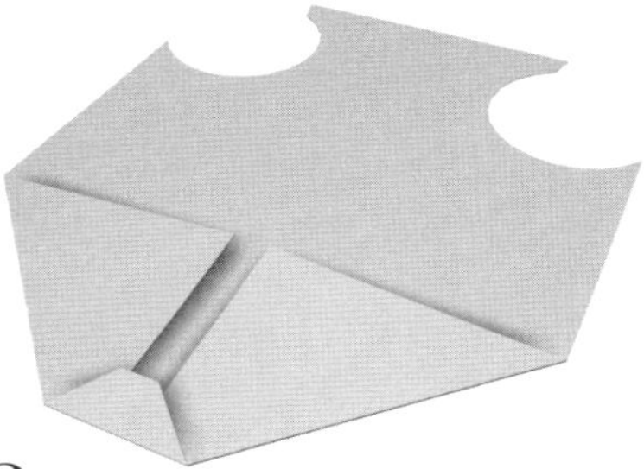

3. **Falte entlang Linie 3 nach oben.**

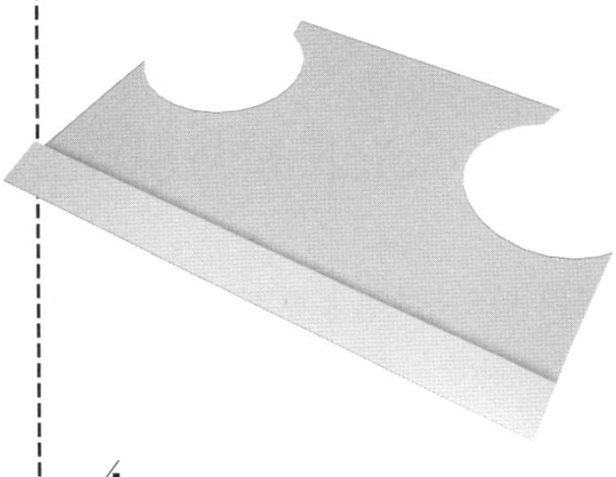

4. **Falte entlang Linien 4 bis 9.**

5. **Dreh den Flieger um und falte entlang Linie 10.**

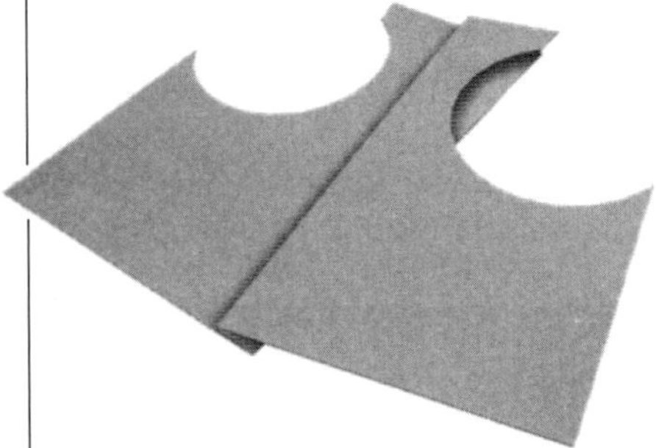

6. **Falte einen Flügel entlang Linie 11 zurück.**

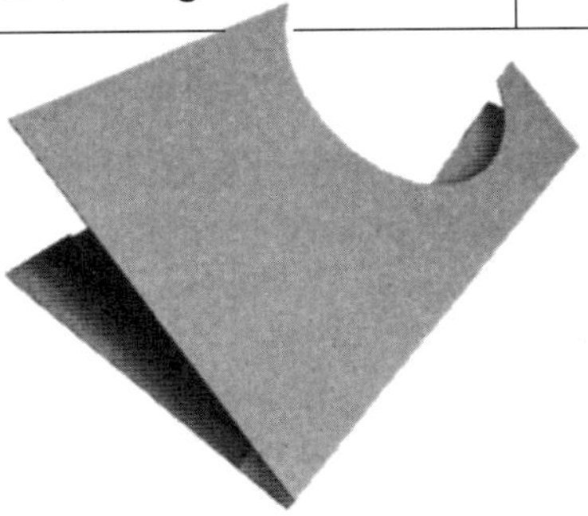

7. **Dreh den Flieger und falte den anderen Flügel entlang Linie 12 zurück.**

8. **Klapp die Flügel hoch, sodass sie mit dem Rumpf ein flaches „Y" bilden. Für einen optimalen Flug stellst du die Höhenruder leicht an.**

DIE S.S. Explorer

Mit diesem futuristischen Raumschiff kannst du die Welt außerirdischer Wesen erforschen – z. B. das Zimmer deines Bruders. Die S. S. Explorer schwebt gleichmäßig und eignet sich hervorragend für intergalaktische Reisen aller Art sowie zielgenaue Landungen am Rande der Unendlichkeit – wie etwa auf einem Stuhl. Sei auf der Hut, dass kein Außerirdischer dein Raumschiff kapert!

WAS TUN, WENN

DEIN FLIEGER ABSTÜRZT: Stell die Höhenruder an, indem du die Triebwerke ein wenig nach oben biegst. Oder wirf den Flieger etwas kräftiger.

DEIN FLIEGER STEIGT, LANGSAMER WIRD UND ABSTÜRZT: Stell die Höhenruder flacher, indem du die Triebwerke etwas nach unten biegst. Oder wirf den Flieger ein wenig sanfter.

DEIN FLIEGER NACH RECHTS ZIEHT: Biege das Seitenruder leicht nach links.

DEIN FLIEGER NACH LINKS ZIEHT: Biege das Seitenruder leicht nach rechts.

DEIN RAUMSCHIFF NOCH IMMER NICHT GUT FLIEGT: Achte darauf, dass die Triebwerke (bis auf die Höhenruder) ganz flach sind.

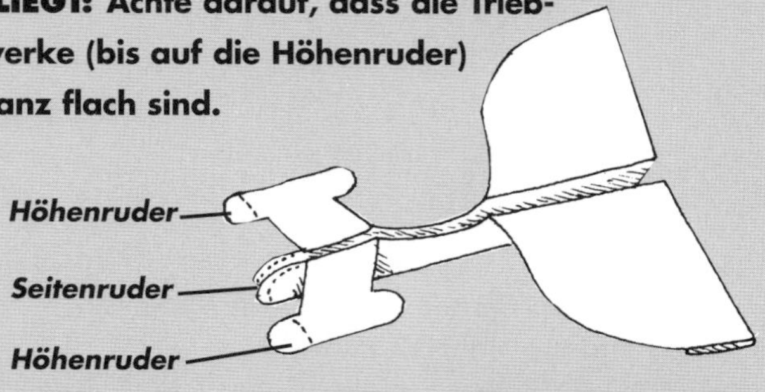

Die S.S. Explorer falten

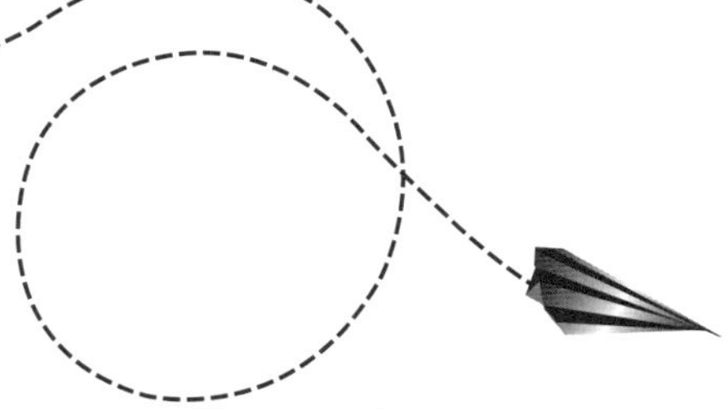

Nicht vergessen: Entlang der durchgehenden Linien schneiden. An den gestrichelten Linien nach innen falten (sodass sie nicht mehr zu sehen sind), an den gepunkteten Linien nach außen falten (sodass sie entlang der Falze sichtbar sind).

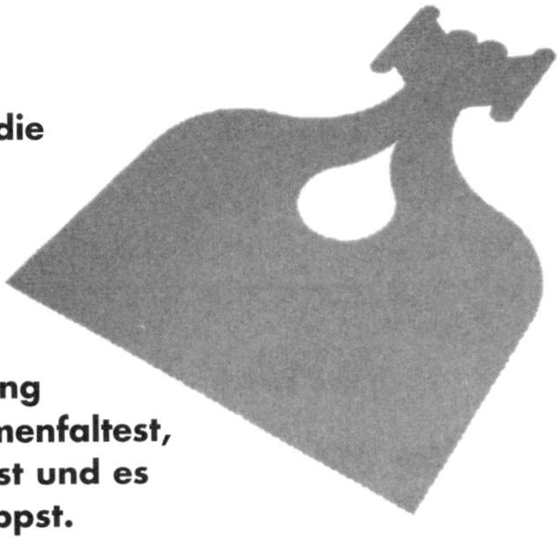

1. **Schneide die Form wie vorgegeben aus. Am besten geht das, wenn du das Blatt erst entlang Linie 5 zusammenfaltest, dann schneidest und es wieder aufklappst.**

2. **Falte entlang Linie 1 nach oben.**

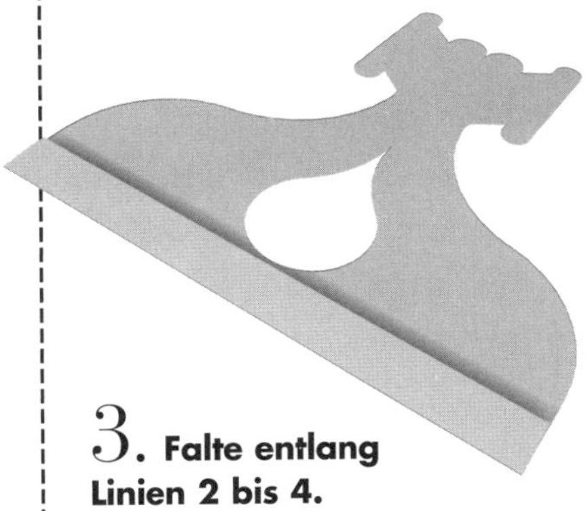

3. **Falte entlang Linien 2 bis 4.**

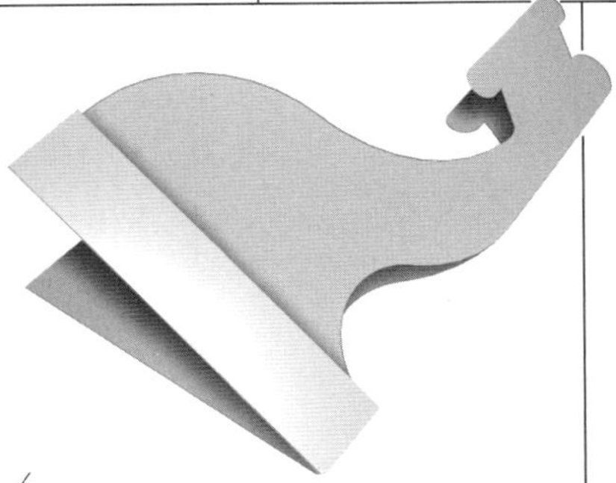

4. **Dreh den Flieger und falte ihn entlang Linie 5 zusammen.**

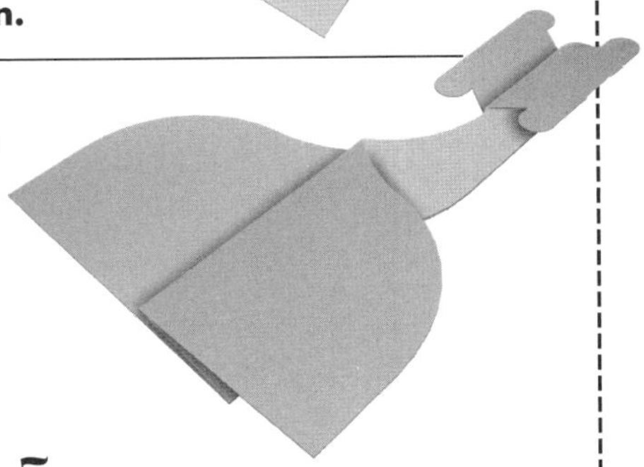

5. **Falte einen Flügel entlang Linie 6 und ein Triebwerk entlang Linie 7 zurück.**

6. **Dreh den Flieger um und falte Flügel und Triebwerk auf der anderen Seite zurück.**

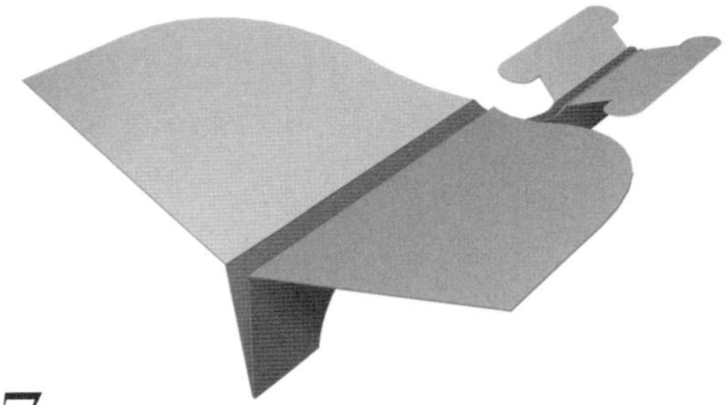

7. **Klapp die Flügel hoch, sodass sie mit dem Rumpf ein flaches „Y" bilden.**

DER Schmetterling

Es gibt ganz hervorragende Flieger: kraftvolle Adler, elegante Schwalben und Schmetterlinge. Jetzt denkst du vielleicht: „Schmetterlinge? Die sind doch ganz langsam und zerbrechlich!“ Doch manche Schmetterlinge vollbringen erstaunliche Flugleistungen: Der orange-schwarz gezeichnete Monarch z. B. fliegt jedes Jahr Tausende Kilometer von Mexiko nach Kanada und zurück. Das schafft dein Schmetterling zwar nicht, aber ein guter Flieger ist er allemal. Für schnellen Geradeausflug lässt du die Höhenruder flach, soll er flattern wie ein Schmetterling, stellst du sie an.

WAS TUN, WENN

DEIN FLIEGER ABSTÜRZT: Stell die Höhenruder an, indem du die Flügelspitzen ein wenig nach oben biegst. Oder wirf den Flieger etwas kräftiger.

DEIN FLIEGER STEIGT, LANGSAMER WIRD UND ABSTÜRZT: Stell die Höhenruder flacher ein, indem du die Flügelspitzen etwas nach unten biegst. Oder wirf den Flieger ein wenig sanfter.

DEIN FLIEGER NACH RECHTS ZIEHT: Biege das Seitenruder leicht nach links.

DEIN FLIEGER NACH LINKS ZIEHT: Biege das Seitenruder leicht nach rechts.

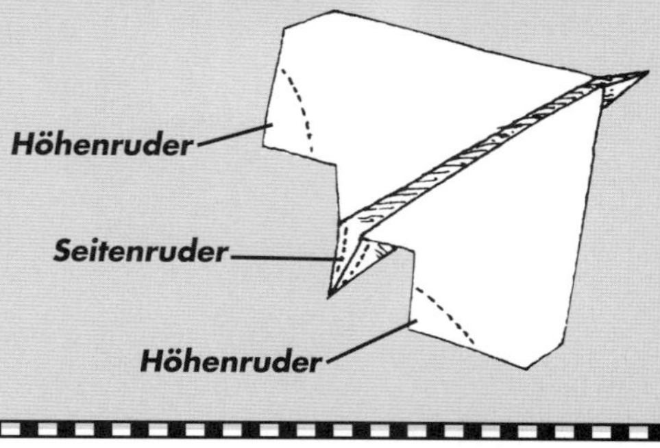

Den Schmetterling falten

Nicht vergessen: Entlang den durchgehenden Linien schneiden. An den gestrichelten Linien nach innen falten (sodass sie nicht mehr zu sehen sind), an den gepunkteten Linien nach außen falten (sodass sie entlang der Falze sichtbar sind).

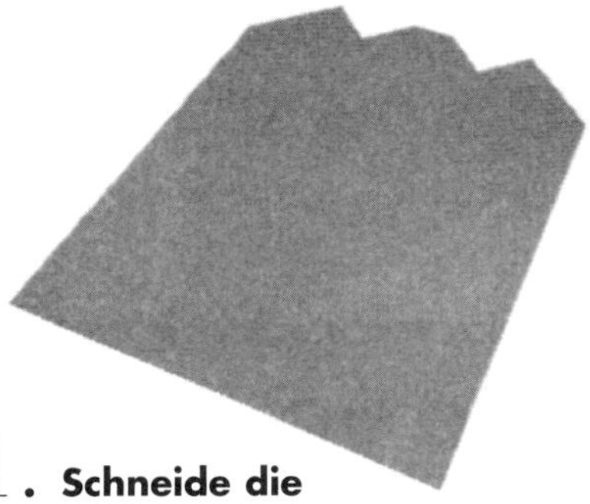

1. **Schneide die Flügelspitzen aus.**

2. **Falte entlang Linien 1 und 2 nach innen.**

3. **Falte entlang Linie 3 nach oben.**

4. **Falte entlang Linien 4 und 5 nach innen.**

5. **Falte den Flieger entlang Linie 6 zusammen.**

6. **Falte einen Flügel entlang Linie 7 zurück.**

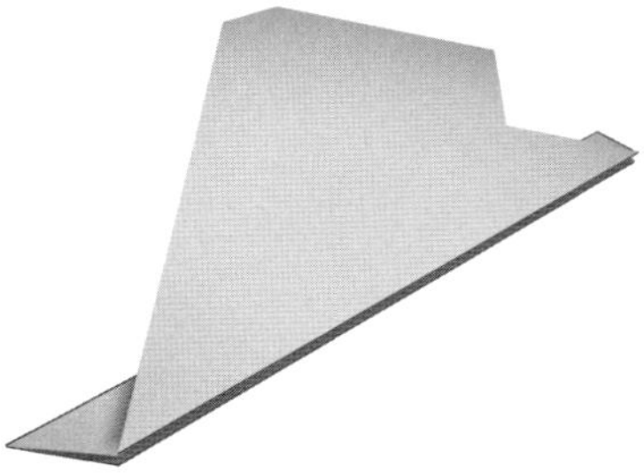

7. **Dreh den Flieger um und falte den anderen Flügel entlang Linie 8 zurück.**

8. **Klapp die Flügel hoch, sodass sie mit dem Rumpf ein flaches „Y" bilden.**

DER Thunderbolt

Dieser Flieger sieht gut aus, fliegt prima und hat, was den Namen betrifft, reale Vorbilder: Der P-47 Thunderbolt wurde als robustes Kampfflugzeug im Zweiten Weltkrieg eingesetzt und im Golfkrieg flog der A-10 Thunderbolt mit der bislang größten Bordkanone. Auch dein Thunderbolt ist ein Hochleistungsflieger: Probier ihn bei einem Erkundungsflug den Flur entlang aus.

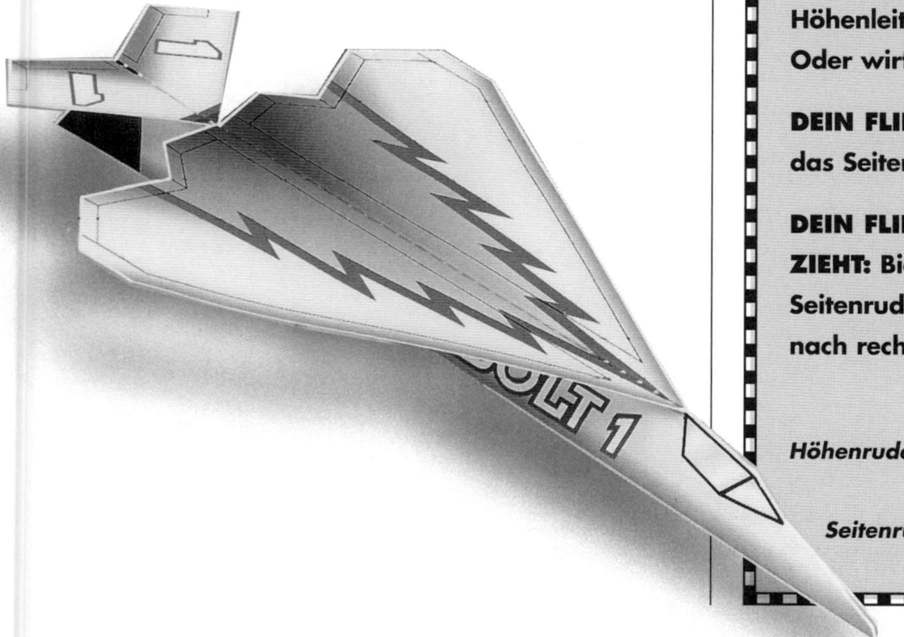

WAS TUN, WENN

DEIN FLIEGER ABSTÜRZT: Stell die Höhenruder an, indem du die Hinterenden des Höhenleitwerks ein wenig nach oben biegst. Oder wirf den Flieger etwas kräftiger.

DEIN FLIEGER STEIGT, LANGSAMER WIRD UND ABSTÜRZT: Stell die Höhenruder flacher ein, indem du die Enden des Höhenleitwerks etwas nach unten biegst. Oder wirf den Flieger ein wenig sanfter.

DEIN FLIEGER NACH RECHTS ZIEHT: Biege das Seitenruder leicht nach links.

DEIN FLIEGER NACH LINKS ZIEHT: Biege das Seitenruder leicht nach rechts.

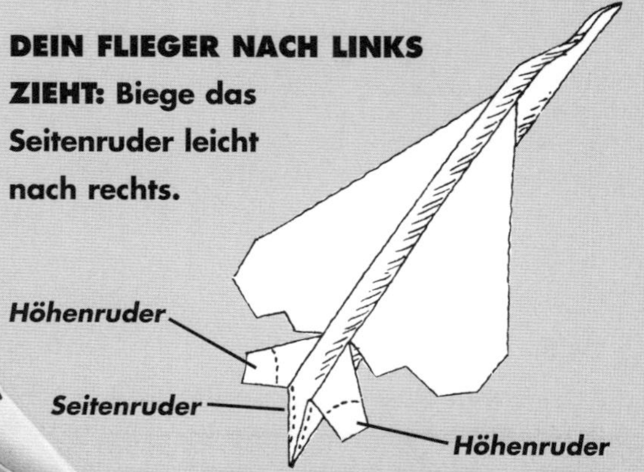

Den Thunderbolt falten

Nicht vergessen: Entlang den durchgehenden Linien schneiden. An den gestrichelten Linien nach innen falten (sodass sie nicht mehr zu sehen sind), an den gepunkteten Linien nach außen falten (sodass sie entlang der Falze sichtbar sind).

1. **Schneide die Formen wie vorgegeben aus.**

2. **Falte einen Flieger entlang Linie 1 zusammen.**

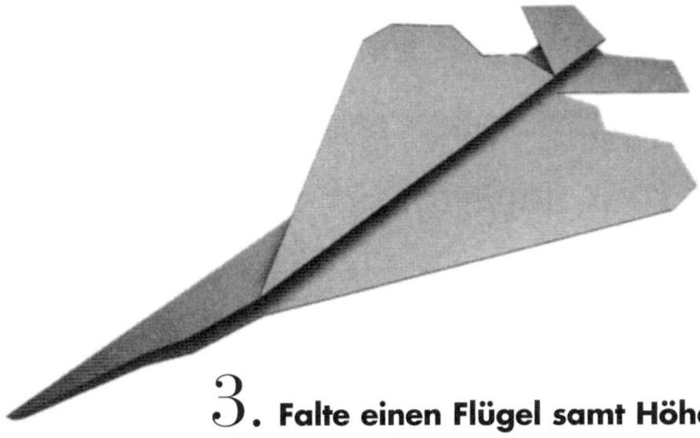

3. **Falte einen Flügel samt Höhenleitwerk entlang Linie 2 zurück.**

4. **Dreh den Flieger um.**

5. **Falte den anderen Flügel samt Höhenleitwerk entlang Linie 3 zurück.**

6. **Klapp die Flügel und Höhenleitwerke hoch, sodass sie mit dem Rumpf ein „Y" bilden. Befestige am Bug eine Büroklammer.**

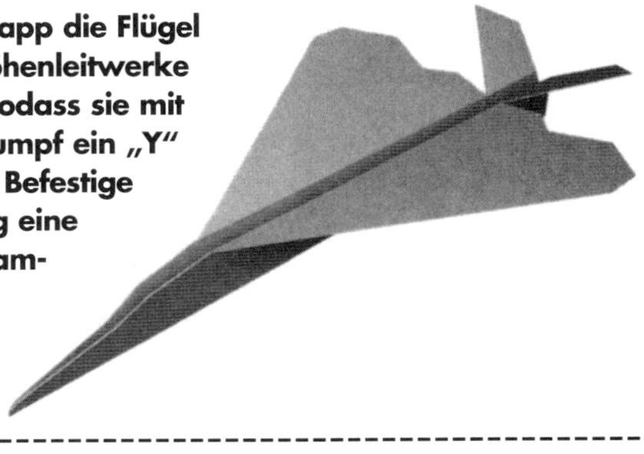

Drachenring

Du fragst dich vielleicht, ob ein Gegenstand, der einem Flugzeug so unähnlich ist, überhaupt fliegen kann. Er kann – wenn du ihn richtig wirfst! Du hältst den Ring mit der mehrfach gefalteten Seite nach vorn vor die Schulter (siehe Bild A, unten) und wirfst ihn sanft vorwärts. Wenn du ihm dabei einen Drall gibst, fliegt er noch besser.

Die zweite Wurfvariante habe ich einem Jungen in Georgia abgeschaut: Du lässt den Arm locker hängen und umspannst den Flieger vorsichtig mit der Hand (siehe Bild B, unten). Dann lässt du den Arm vorschnellen und den Flieger über die Finger abrollen.

WAS TUN, WENN

DEIN RING NICHT FLIEGT UND DU SICHER BIST, DASS ES NICHT AN DEINER WURFTECHNIK LIEGT: Prüf nach, ob der Flieger auch wirklich schön rund ist und keine Knicke aufweist. Oder bring vorn, wo er mehrfach gefaltet ist, einen Klebstreifen an, damit er stabiler wird. Hilft das auch nicht, dann faltest du einfach einen neuen.

Den Drachenring falten

Nicht vergessen: Entlang den durchgehenden Linien schneiden. An den gestrichelten Linien nach innen falten (sodass sie nicht mehr zu sehen sind), an den gepunkteten Linien nach außen falten (sodass sie entlang der Falze sichtbar sind).

1. **Schneide das Blatt wie vorgegeben auseinander.**

2. **Nimm eine Hälfte und falte entlang Linie 1 nach oben.**

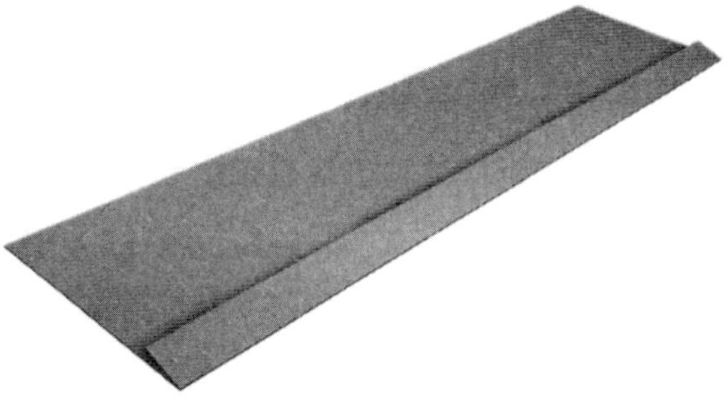

3. **Falte entlang Linie 2.**

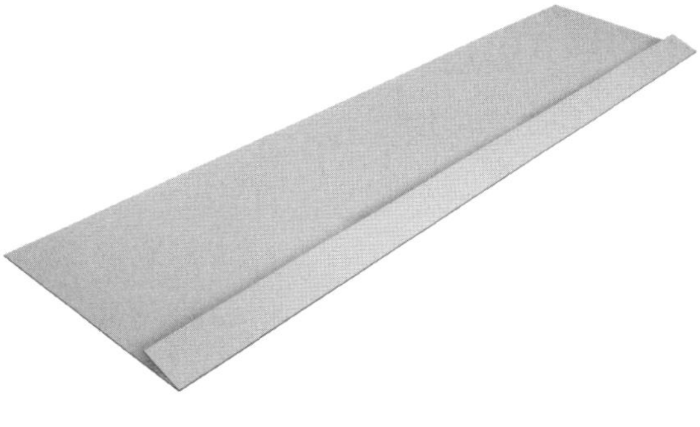

4. **Falte entlang Linie 3.**

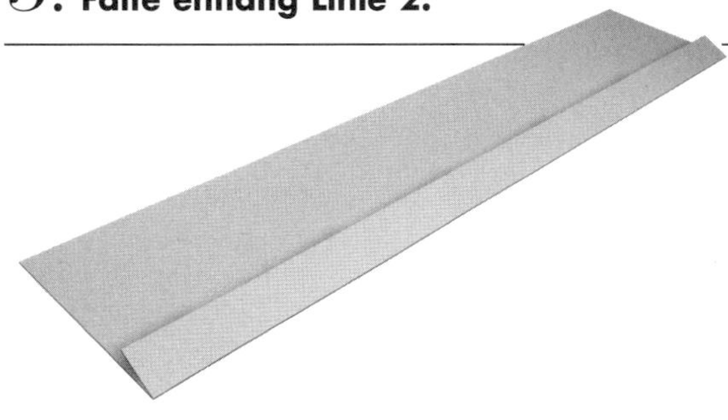

5. **Falte entlang Linie 4.**

6. **Forme eine Röhre, wobei die Falze innen liegen. Steck die gefalteten Enden ineinander und kleb die Röhre mit Klebstreifen zusammen.**

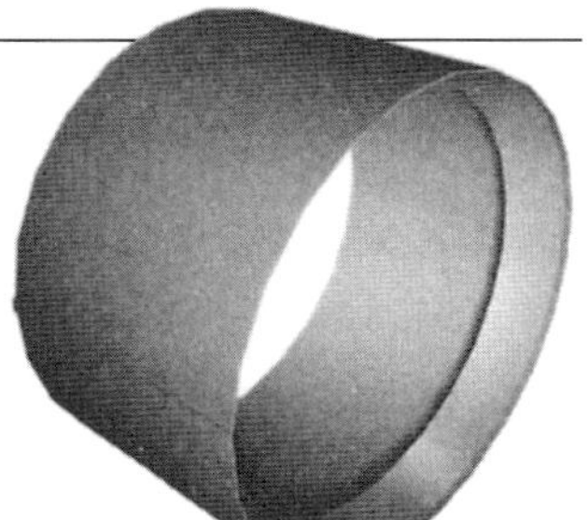

Blue Angels und Thunderbirds

Blue Angels und Thunderbirds – so heißen die Kunstflugstaffeln der amerikanischen Luftwaffe. Bei ihren Kunst- und Formationsflügen sind die Tragflächenspitzen der Flugzeuge nur Zentimeter voneinander entfernt! Die erstaunliche Wendigkeit der Düsenjäger und das große Können der Piloten sind immer wieder atemberaubend. Auch du schaffst mit diesen Modellen beeindruckende Kunstflugfiguren!

WAS TUN, WENN

DEIN FLIEGER ABSTÜRZT: Stell die Höhenruder an, indem du die Flügel ein wenig nach oben biegst. Oder wirf den Flieger etwas kräftiger.

DEIN FLIEGER STEIGT, LANGSAMER WIRD UND ABSTÜRZT: Stell die Höhenruder flacher ein, indem du die Flügel etwas nach unten biegst. Oder wirf den Flieger ein wenig sanfter.

DEIN FLIEGER NACH RECHTS ZIEHT: Biege das Seitenruder leicht nach links.

DEIN FLIEGER NACH LINKS ZIEHT: Biege das Seitenruder leicht nach rechts.

HINWEIS: Kleine Papierflieger reagieren beim Trimmen empfindlicher als größere. Nimm also immer nur geringe Änderungen vor.

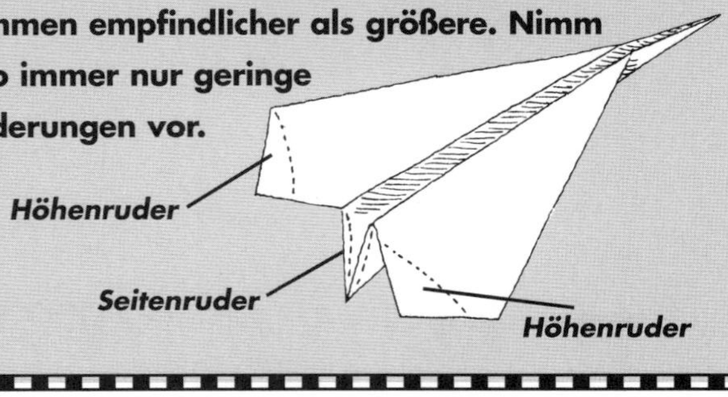

Blue Angels und Thunderbirds falten

Nicht vergessen: Entlang der durchgehenden Linien schneiden. An den gestrichelten Linien nach innen falten (sodass sie nicht mehr zu sehen sind), an den gepunkteten Linien nach außen falten (sodass sie entlang der Falze sichtbar sind).
Ein Tipp: Achte darauf, dass du die Kanten scharf faltest.

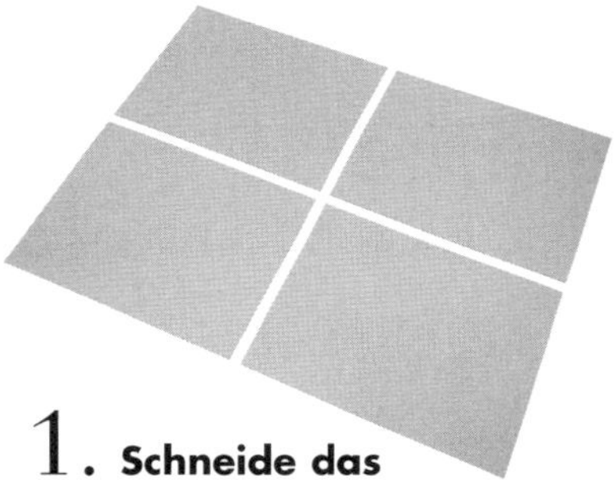

1. **Schneide das Blatt wie vorgegeben.**

2. **Falte entlang Linien 1 und 2 nach innen.**

3. **Falte entlang Linien 3 und 4 nach innen.**

4. **Falte den Flieger entlang Linie 5 zusammen.**

5. **Falte einen Flügel entlang Linie 6 zurück.**

6. **Dreh den Flieger um und falte den anderen Flügel entlang Linie 7 zurück.**

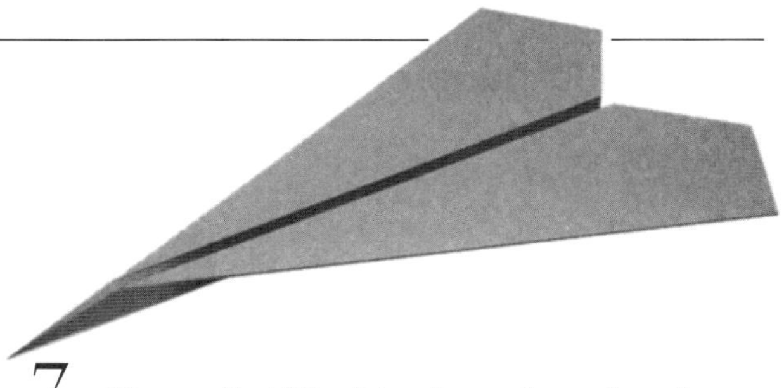

7. **Klapp die Flügel hoch, sodass sie mit dem Rumpf ein flaches „Y" bilden.**

Saturnrakete

Diese Rakete hat ein berühmtes Vorbild: die Saturn V, mit der im Juli 1969 erstmals Menschen zum Mond flogen. Zwischen 1967 und 1973 starteten 13 Saturn-V-Raketen, sechs davon für Mondflüge.

Die Saturn V war so groß wie ein 35-stöckiges Hochhaus und wog ca. 2700 Tonnen. Beim Abheben wurden pro Sekunde 15 Tonnen Treibstoff verbrannt, um einen Schub von rund 3400 Tonnen zu erzeugen. 500 000 Menschen in 20 000 Unternehmen stellten die Teile dafür her.

Auf dem Weltraumbahnhof in Cape Canaveral in Florida kann man eine Saturn V besichtigen.

Deine Rakete ist weniger kompliziert und erzeugt weder Rauch noch Lärm. Richte in deinem Zimmer eine Abschussrampe ein und starte von dort Flüge in die Tiefen der Küche, um Proben außerirdischer Kekse zu sammeln.

WAS TUN, WENN

Diese Rakete fliegt vor allem mit Hilfe deiner Fantasie. Wenn du sie aber tatsächlich wirfst, fliegt sie nicht geradeaus. Dem kannst du abhelfen, indem du in der Spitze mit Klebstreifen ein paar Büroklammern befestigst.

Die Saturnrakete falten

1. **Schneide die Teile wie vorgegeben aus.**

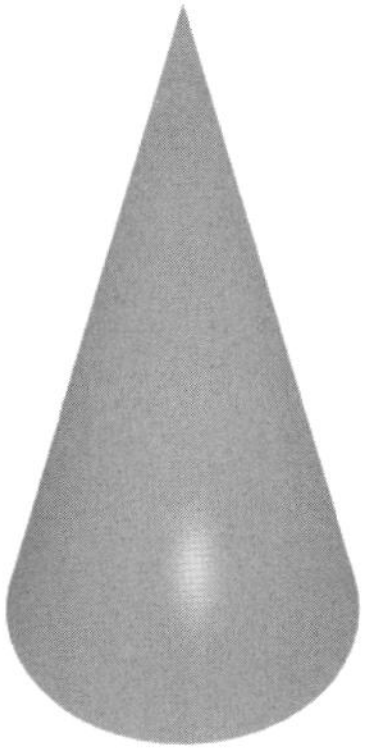

2. **Forme die Spitze zu einem Kegel. Halte diesen so, dass die Enden bis zu der pinkfarbenen Linie überlappen und kleb sie mit Klebstreifen zusammen. Wenn der Kegel beim Kleben etwas gedrückt wird, bringst du ihn danach wieder in Form.**

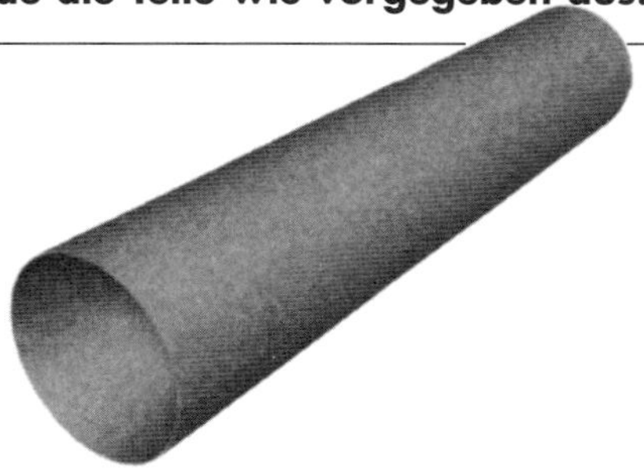

3. **Aus dem anderen Teil formst du eine Röhre, wobei die Enden bis zu der pinkfarbenen Linie überlappen. Dann klebst du sie oben, in der Mitte und unten mit Klebstreifen zusammen. Einfacher geht es, wenn du die Röhre vor dem Kleben mit Büroklammern zusammenhältst.**

4. **Schneide die Röhre entlang der weißen Linien unten ein und biege die Flügel so nach außen, dass sie im rechten Winkel abstehen.**

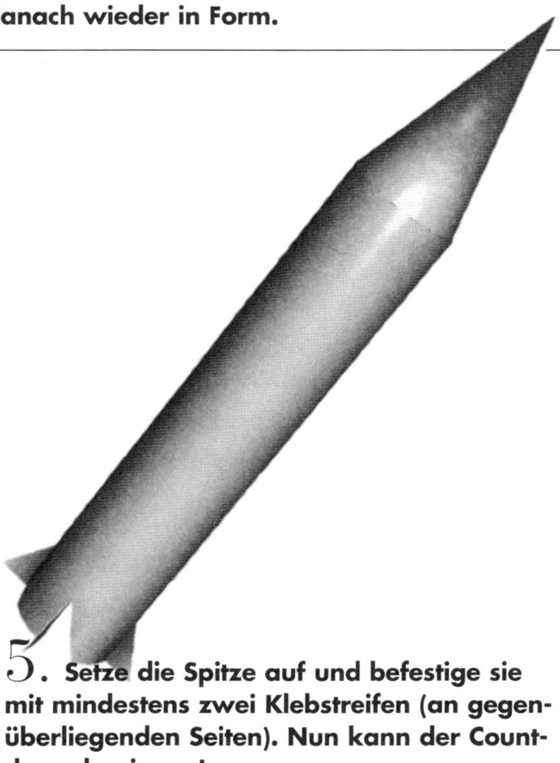

5. **Setze die Spitze auf und befestige sie mit mindestens zwei Klebstreifen (an gegenüberliegenden Seiten). Nun kann der Countdown beginnen!**

DAS World Record Paper Airplane

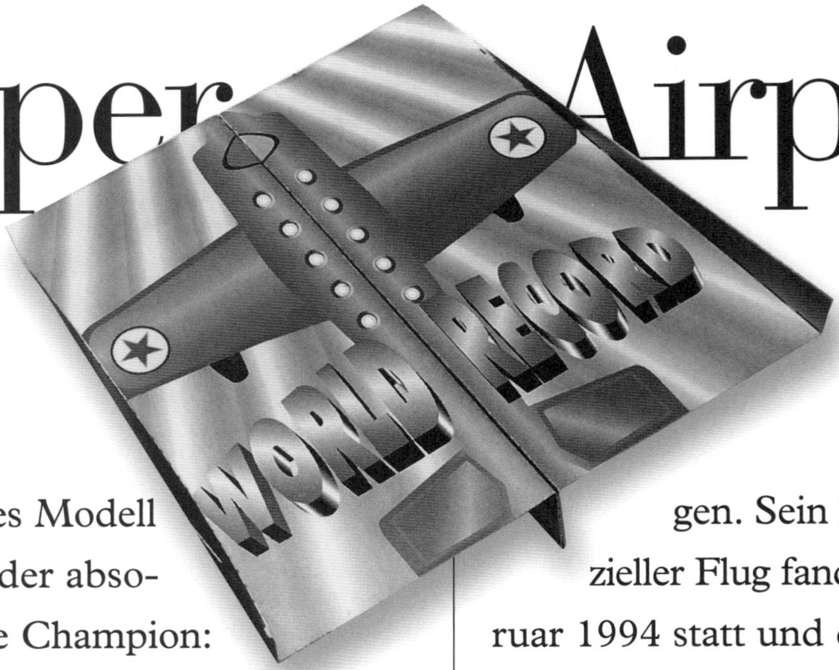

Dieses Modell ist der absolute Champion: Es hält seit 1983 den Flugzeit-Weltrekord. Ich habe es als Dreizehnjähriger entworfen und seitdem ist mir kein besserer Gleiter gelungen. Sein längster offizieller Flug fand am 17. Februar 1994 statt und dauerte 18,8 Sekunden. Wenn du dein World Record Paper Airplane hoch in die Luft wirfst, gelingt dir vielleicht ein neuer Weltrekord.

WAS TUN, WENN

DEIN FLIEGER ABSTÜRZT: Stell die Höhenruder an, indem du die Flügel hinten ein wenig nach oben biegst. Oder wirf den Flieger etwas kräftiger.

DEIN FLIEGER STEIGT, LANGSAMER WIRD UND ABSTÜRZT: Stell die Höhenruder flacher ein, indem du die Flügel etwas nach unten biegst. Oder wirf den Flieger ein wenig sanfter.

DEIN FLIEGER NACH RECHTS ZIEHT: Biege das Seitenruder leicht nach links.

DEIN FLIEGER NACH LINKS ZIEHT: Biege das Seitenruder leicht nach rechts.

Das World Record Paper Airplane falten

Nicht vergessen: An den gestrichelten Linien nach innen falten (sodass sie nicht mehr zu sehen sind), an den gepunkteten Linien nach außen falten (sodass sie entlang der Falze sichtbar sind). **Ein Tipp:** Dieser Flieger wird am Bug leicht sperrig, mach deshalb die Falze möglichst scharf. Eventuell wölbt sich das Papier, während du die Falze 3 bis 10 machst. Drück jeden Falz erst ganz flach, bevor du den nächsten machst.

1. Falte entlang Linien 1 und 2.

2. Falte entlang Linie 3 nach oben.

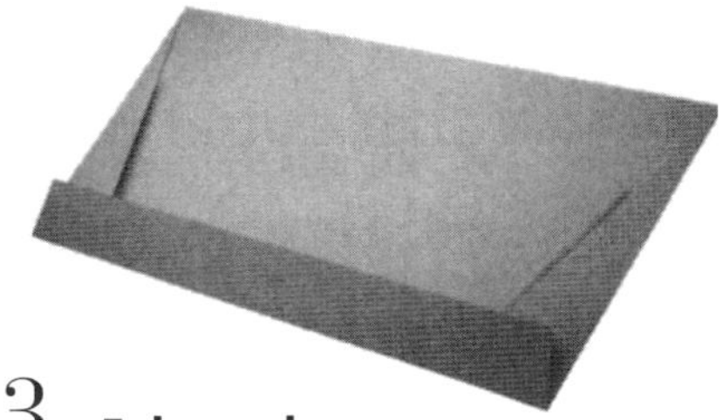

3. Falte entlang Linien 4 bis 9 nach oben.

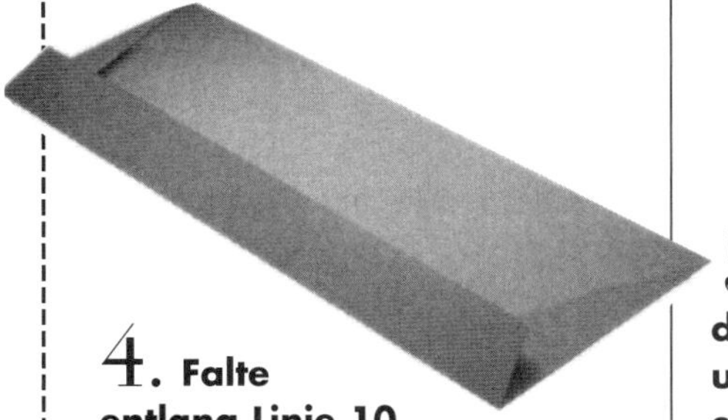

4. Falte entlang Linie 10.

5. Dreh den Flieger um und falte ihn entlang Linie 11 zusammen.

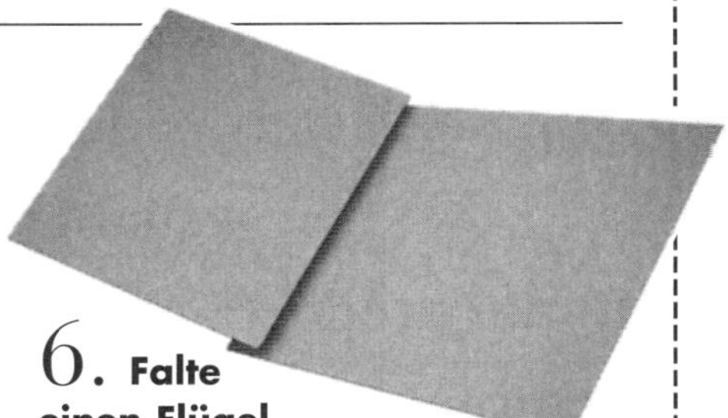

6. Falte einen Flügel entlang Linie 12 zurück.

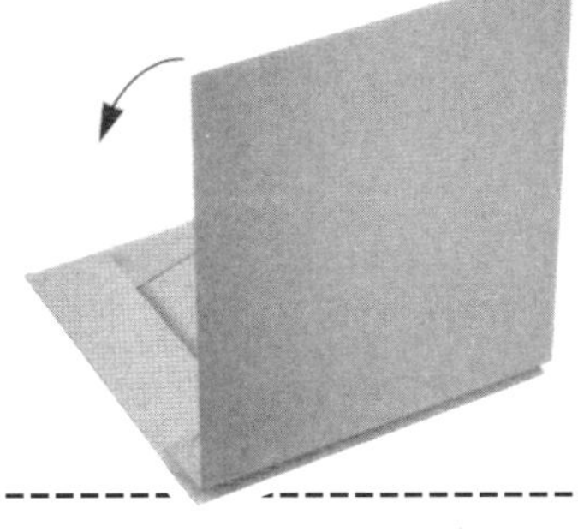

7. Dreh den Flieger um und falte den anderen Flügel entlang Linie 13 zurück.

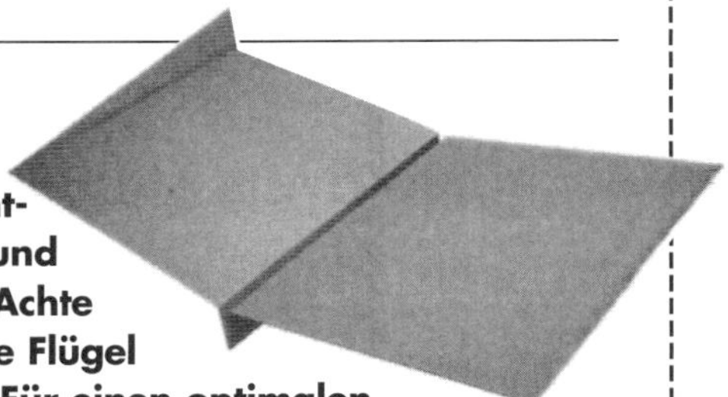

8. Knicke die Flügelränder entlang Linien 14 und 15 nach oben. Achte darauf, dass die Flügel ein „Y" bilden. Für einen optimalen Flug stellst du die Höhenruder leicht an.

Flying Saucer

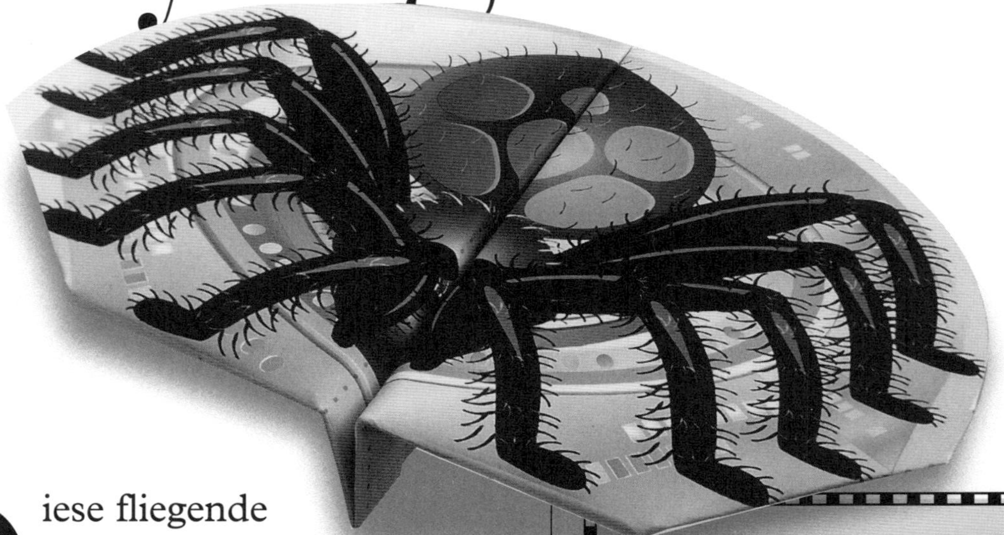

Diese fliegende Untertasse sieht aus, als käme sie geradewegs vom Mars. Flugzeuge mit runden Flügeln gab es aber tatsächlich schon: In den 1930er Jahren wurde ein scheibenförmiges Flugzeug namens V-173 entwickelt, das zwar gut flog, aber nie in Serie ging. Rund 20 Jahre später folgte das so genannte Avro Car mit Düsenantrieb: Es startete und landete wie ein Hubschrauber, erreichte aber keine sinnvolle Flughöhe und wurde deshalb nicht weiter gebaut. Immerhin beweisen diese Entwicklungen, dass „Untertassen“ wirklich fliegen können.

WAS TUN, WENN

DEIN FLIEGER ABSTÜRZT: Stell die Höhenruder an, indem du die Flügel hinten ein wenig nach oben biegst. Oder wirf den Flieger etwas kräftiger.

DEIN FLIEGER STEIGT, LANGSAMER WIRD UND ABSTÜRZT: Stell die Höhenruder flacher ein, indem du die Flügel hinten etwas nach unten biegst. Oder wirf den Flieger ein wenig sanfter.

DEIN FLIEGER NACH RECHTS ZIEHT: Biege das Seitenruder leicht nach links.

DEIN FLIEGER NACH LINKS ZIEHT: : Biege das Seitenruder leicht nach rechts.

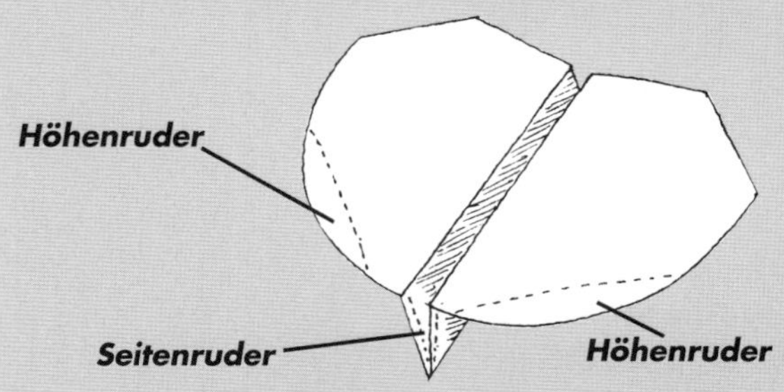

Den Flying Saucer falten

Nicht vergessen: Entlang der durchgehenden Linien schneiden. An den gestrichelten Linien nach innen falten (sodass sie nicht mehr zu sehen sind), an den gepunkteten Linien nach außen falten (sodass sie entlang der Falze sichtbar sind).

1. **Schneide die Form wie vorgegeben aus.**

2. **Falte entlang Linien 1 und 2 nach innen.**

3. **Falte entlang Linie 3 nach oben.**

4. **Falte entlang Linien 4 und 5 nach innen.**

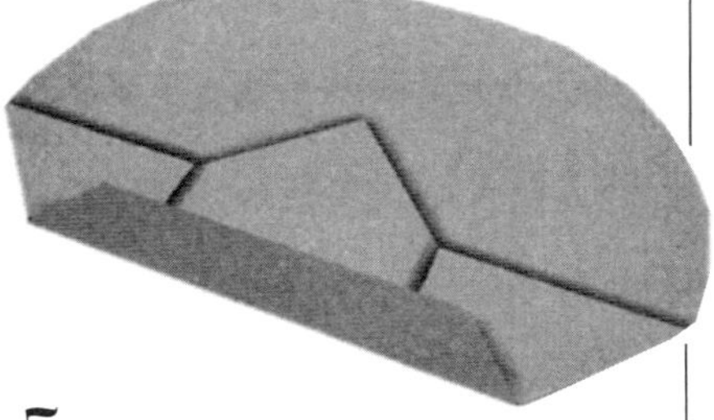

5. **Falte entlang Linien 6 und 7 nach oben.**

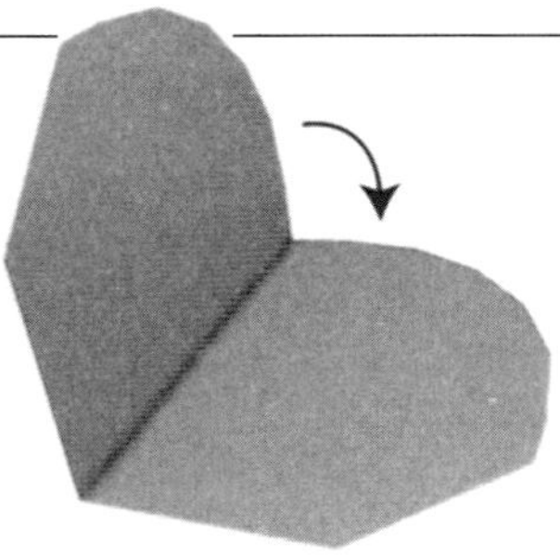

6. **Dreh den Flieger und falte ihn entlang Linie 8 zusammen.**

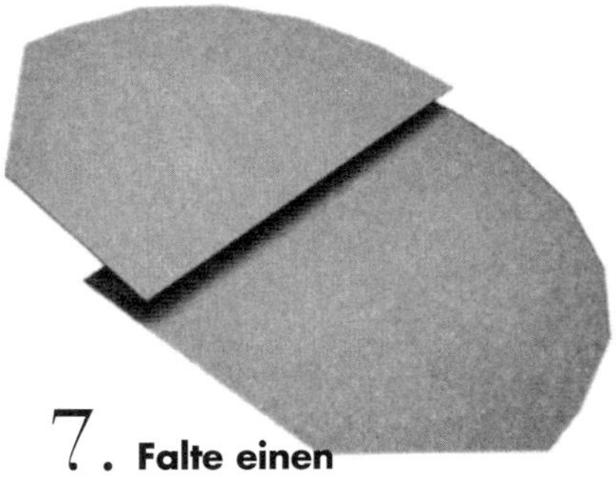

7. **Falte einen Flügel entlang Linie 9 zurück.**

8. **Falte den anderen Flügel entlang Linie 10 zurück.**

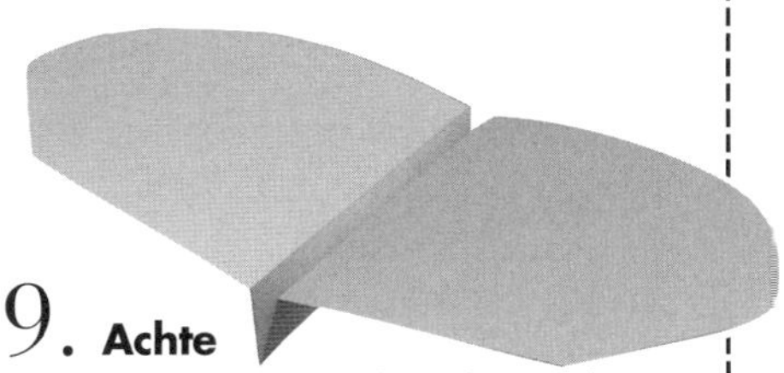

9. **Achte darauf, dass die Flügel mit dem Rumpf ein flaches „Y" bilden. Für einen optimalen Flug stellst du die Höhenruder leicht an.**

DER Great White

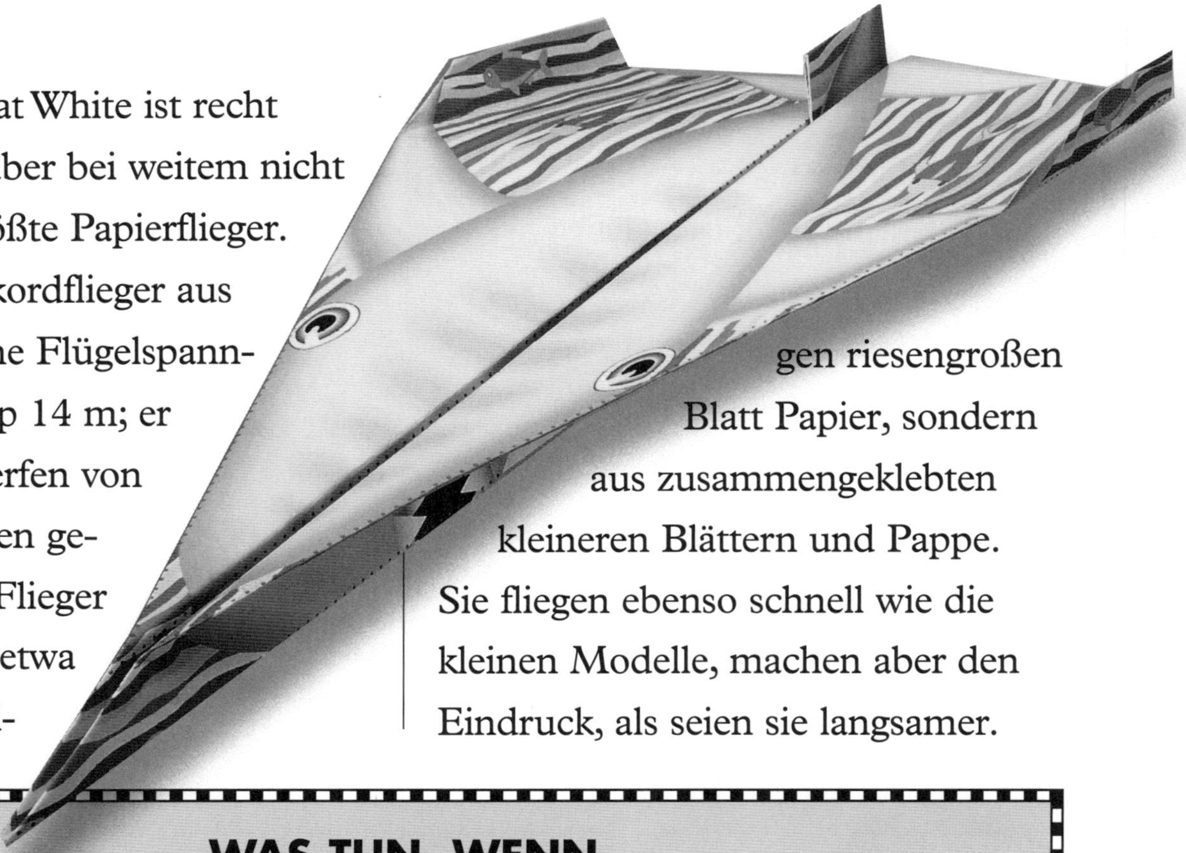

Der Great White ist recht groß, aber bei weitem nicht der größte Papierflieger. Der größte Rekordflieger aus Papier hatte eine Flügelspannweite von knapp 14 m; er wurde beim Werfen von mehreren Leuten gehalten. Solche Flieger bestehen nicht etwa aus einem einzigen riesengroßen Blatt Papier, sondern aus zusammengeklebten kleineren Blättern und Pappe. Sie fliegen ebenso schnell wie die kleinen Modelle, machen aber den Eindruck, als seien sie langsamer.

WAS TUN, WENN

DEIN FLIEGER ABSTÜRZT: Stell die Höhenruder an, indem du die Flügel hinten ein wenig nach oben biegst. Oder wirf den Flieger etwas kräftiger.

DEIN FLIEGER STEIGT, LANGSAMER WIRD UND ABSTÜRZT: Stell die Höhenruder flacher ein, indem du die Flügel etwas nach unten biegst. Oder wirf den Flieger ein wenig sanfter.

DEIN FLIEGER NACH RECHTS ZIEHT: Biege das Seitenruder leicht nach links.

DEIN FLIEGER NACH LINKS ZIEHT: Biege das Seitenruder leicht nach rechts.

Für einen gleichmäßigen Geradeausflug befestigst du eine Büroklammer am Bug.

HINWEIS: Bei hoher Luftfeuchtigkeit wird dieser Flieger schnell schlaff. Auf Feuchtigkeit reagieren alle Papierflieger empfindlich, dieser aber besonders, weil er aus mehr Papier besteht und daher mehr Wasser aufnimmt.

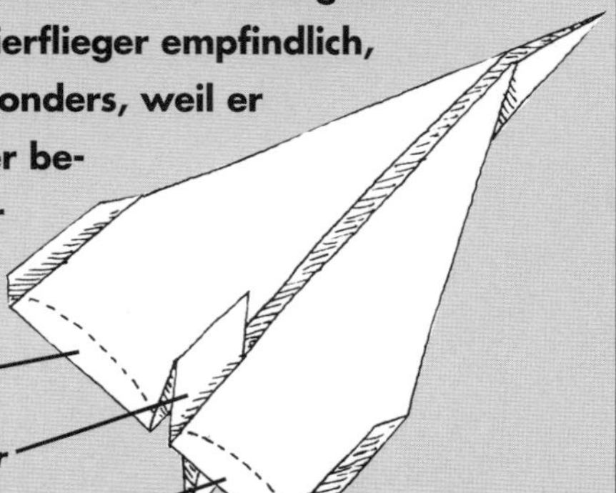

Den Great White falten

Hinweis: Dieser Flieger besteht aus zwei Blättern. Seite 1B liegt so auf Seite 1A, dass der grüne Hintergrund zusammenpasst. **Nicht vergessen:** Entlang der durchgehenden Linien schneiden. An den gestrichelten Linien nach innen falten und an den gepunkteten Linien nach außen falten.

1. **Kleb die Blätter auf beiden Seiten über die gesamte Länge an der schwarzen Linie mit Klebstreifen zusammen.**

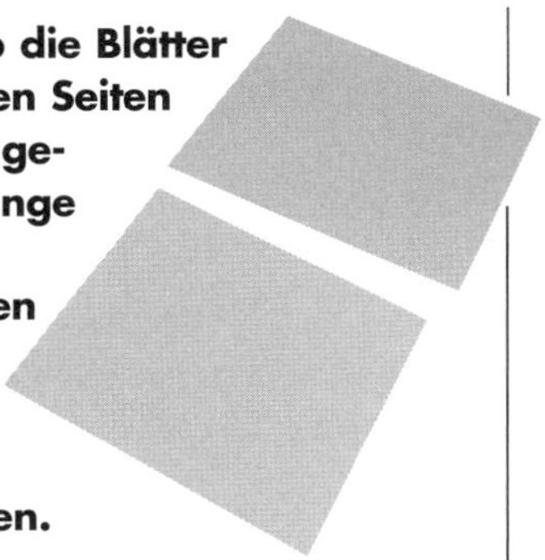

2. **Falte entlang Linien 1 und 2 nach innen.**

3. **Falte entlang Linien 3 und 4 nach innen.**

4. **Dreh den Flieger und falte ihn entlang Linie 5 zusammen. Schneide entlang der durchgehenden Linie hinten am Rumpf.**

5. **Falte einen Flügel entlang Linie 6 zurück.**

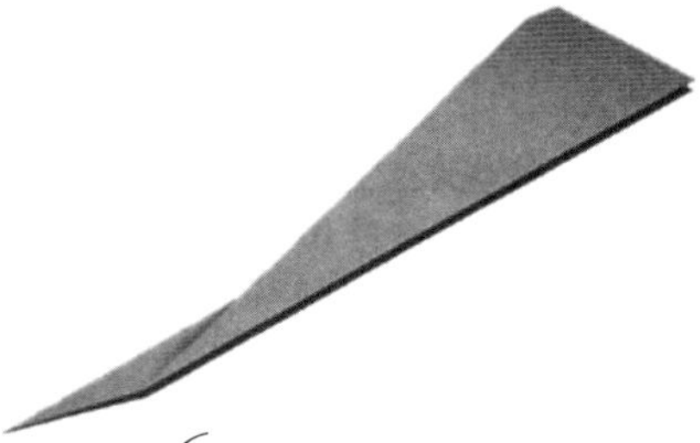

6. **Dreh den Flieger und falte den anderen Flügel entlang Linie 7 zurück.**

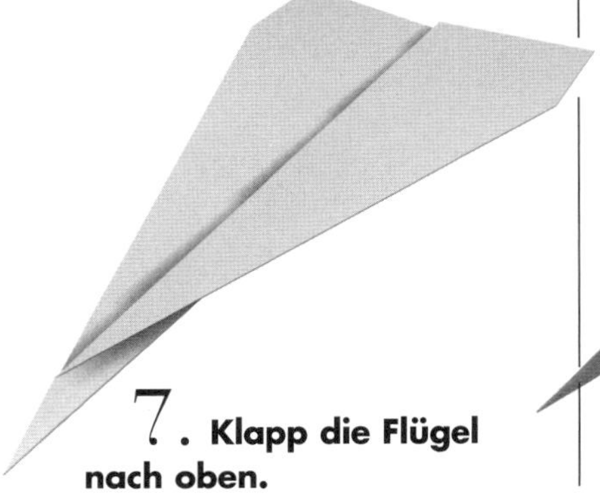

7. **Klapp die Flügel nach oben.**

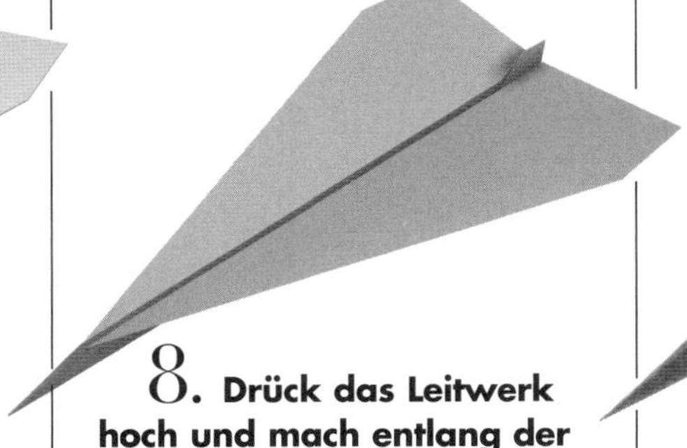

8. **Drück das Leitwerk hoch und mach entlang der Linien 8 und 9 einen Falz.**

9. **Knicke die Flügelspitzen entlang Linien 10 und 11 nach oben.**

DIE F-15

Als Vorbild für diesen Flieger diente der Düsenjäger McDonnell Douglas F-15 Eagle, der seit 1972 die Nummer eins bei der amerikanischen Luftwaffe ist. Seine zwei Triebwerke erzeugen einen Schub von 22 Tonnen. Damit steigt er fast so schnell wie eine Rakete in weniger als einer Minute über 11 km hoch und kann dann bis zu 2600 km/h (d.h. mehr als zweifache Schallgeschwindigkeit) erreichen. Die Papierversion braucht keine Düsentriebwerke, sondern nur einen leichten Schubs – und schon fliegt sie pfeilschnell durchs Zimmer.

WAS TUN, WENN

DEIN FLIEGER ABSTÜRZT: Stell die Höhenruder an, indem du die (waagerechten) Höhenleitwerke etwas nach oben biegst.

DEIN FLIEGER STEIGT, LANGSAMER WIRD UND ABSTÜRZT: Stell die Höhenruder flacher ein, indem du die (waagerechten) Höhenleitwerke ein wenig nach unten biegst. Befestige am Bug eine größere Büroklammer oder ein Stück Klebstreifen.

DEIN FLIEGER NACH RECHTS ZIEHT: Biege die (senkrechten) Seitenleitwerke leicht nach links.

DEIN FLIEGER NACH LINKS ZIEHT: Biege die (senkrechten) Seitenleitwerke leicht nach rechts.

HINWEIS: Kontrolliere nach jeder Landung, ob sich keine Teile verbogen haben.

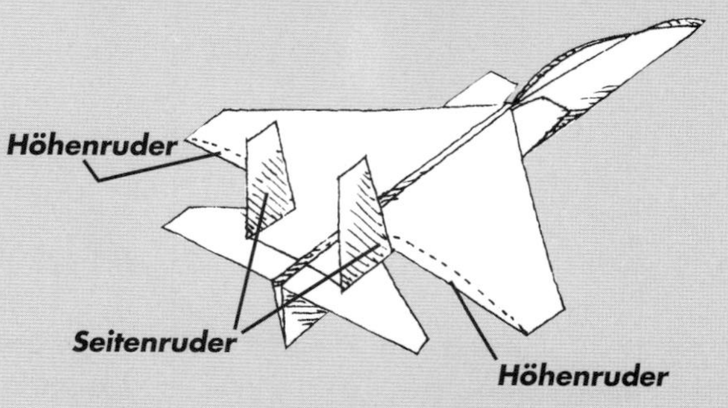

Die F-15 falten

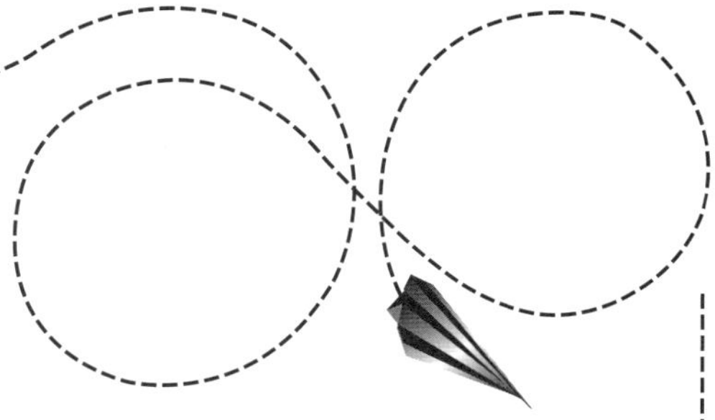

Nicht vergessen: Entlang der durchgehenden Linien schneiden. An den gestrichelten Linien nach innen falten (sodass sie nicht mehr zu sehen sind), an den gepunkteten Linien nach außen falten (sodass sie entlang der Falze sichtbar sind).

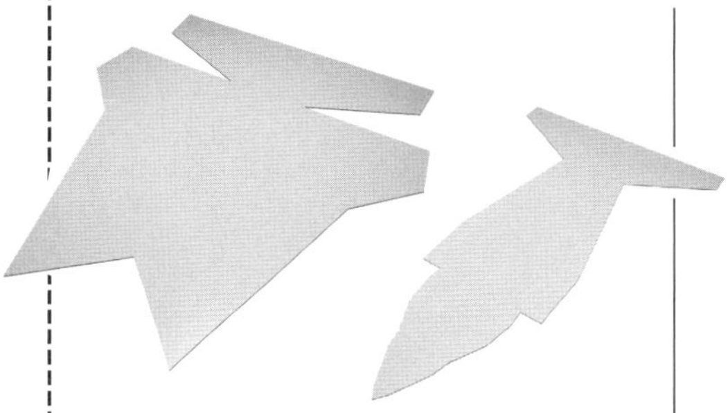

1. **Schneide Rumpf und Flügel wie vorgegeben aus.**

2. **Falte die Flügel entlang Linien 1 und 2 .**

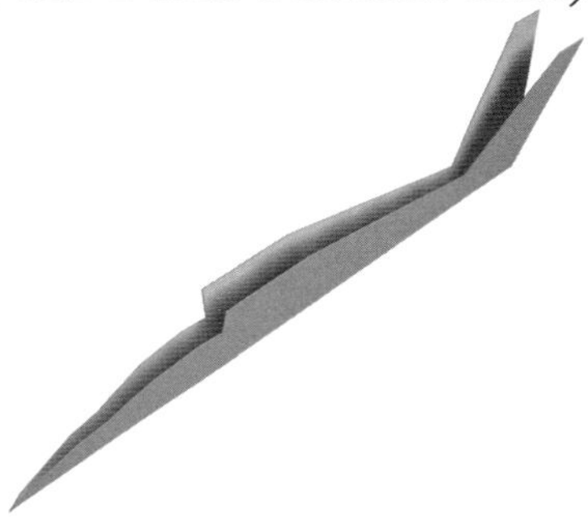

3. **Falte den Rumpf entlang Linie 3 zusammen.**

4. **Falte die Triebwerke entlang Linien 4 und 6 und anschließend die Höhenleitwerke entlang Linien 5 und 7 nach unten.**

5. **Setze den Rumpf auf die Flügel (die gefaltete Seite der Flügel weist nach oben). Die Leitwerke sollten hinten ca. 5 mm über die Flügel hinausragen. Kleb Rumpf und Flügel zusammen.**

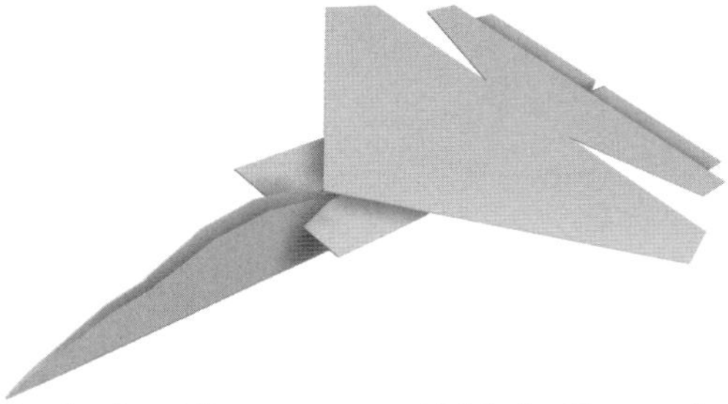

6. **Dreh den Flieger um und kleb die vordere Spitze der Flügel an den Rumpf.**

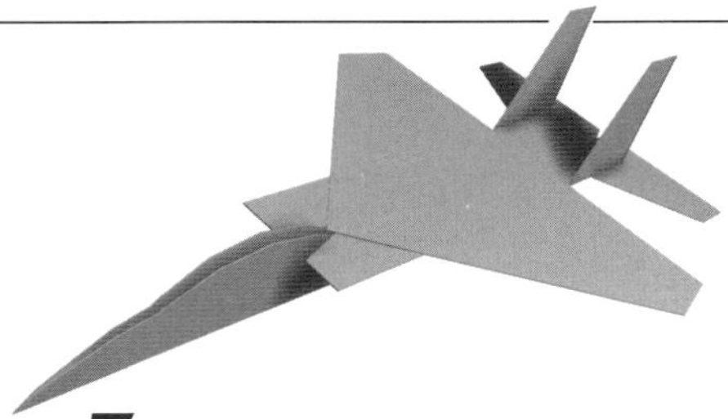

7. **Knicke die Leitwerke entlang Linien 8 und 9 nach oben. Befestige eine Büroklammer am Bug.**

Flug-Logbuch

Piloten von richtigen Flugzeugen halten in Flug-Logbüchern ihre Flugziele, die Flugzeiten und besondere Vorkommnisse fest. Ein solches Logbuch kannst du auch für deine Papierflieger führen. Du musst nicht jeden Flug notieren, kannst es aber für neue Flieger, Bestzeiten und große Flugweiten, die du erzielt hast, nutzen.

DATUM	FLIEGERTYP	ORT	MAXIMALE FLUGZEIT	MAXIMALE FLUGWEITE	BEMERKUNGEN

DATUM	FLIEGERTYP	ORT	MAXIMALE FLUGZEIT	MAXIMALE FLUGWEITE	BEMERKUNGEN

DATUM	FLIEGERTYP	ORT	MAXIMALE FLUGZEIT	MAXIMALE FLUGWEITE	BEMERKUNGEN

For The Count folding instructions, see page 33.

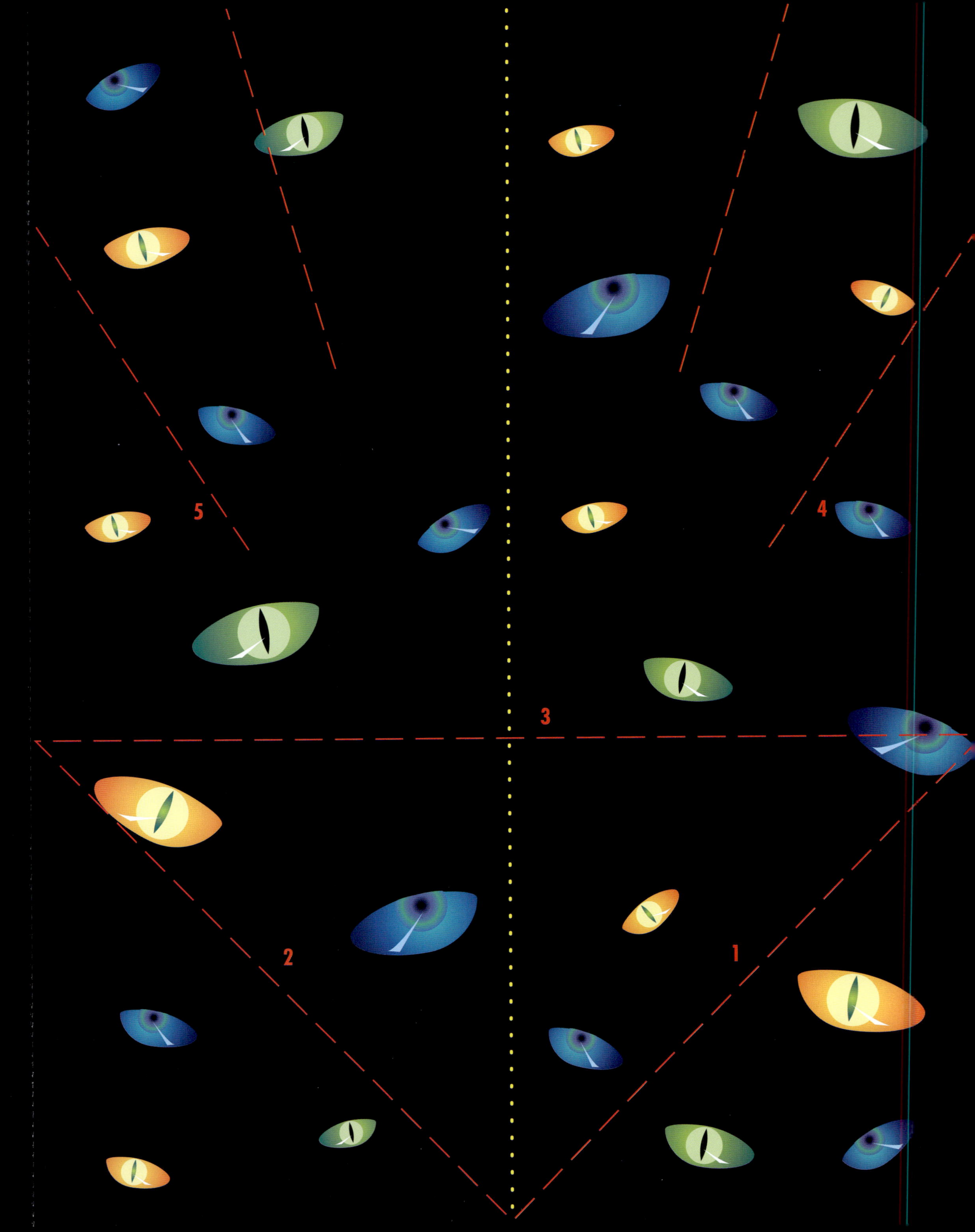
5
4
3
2
1

6
8
9
7

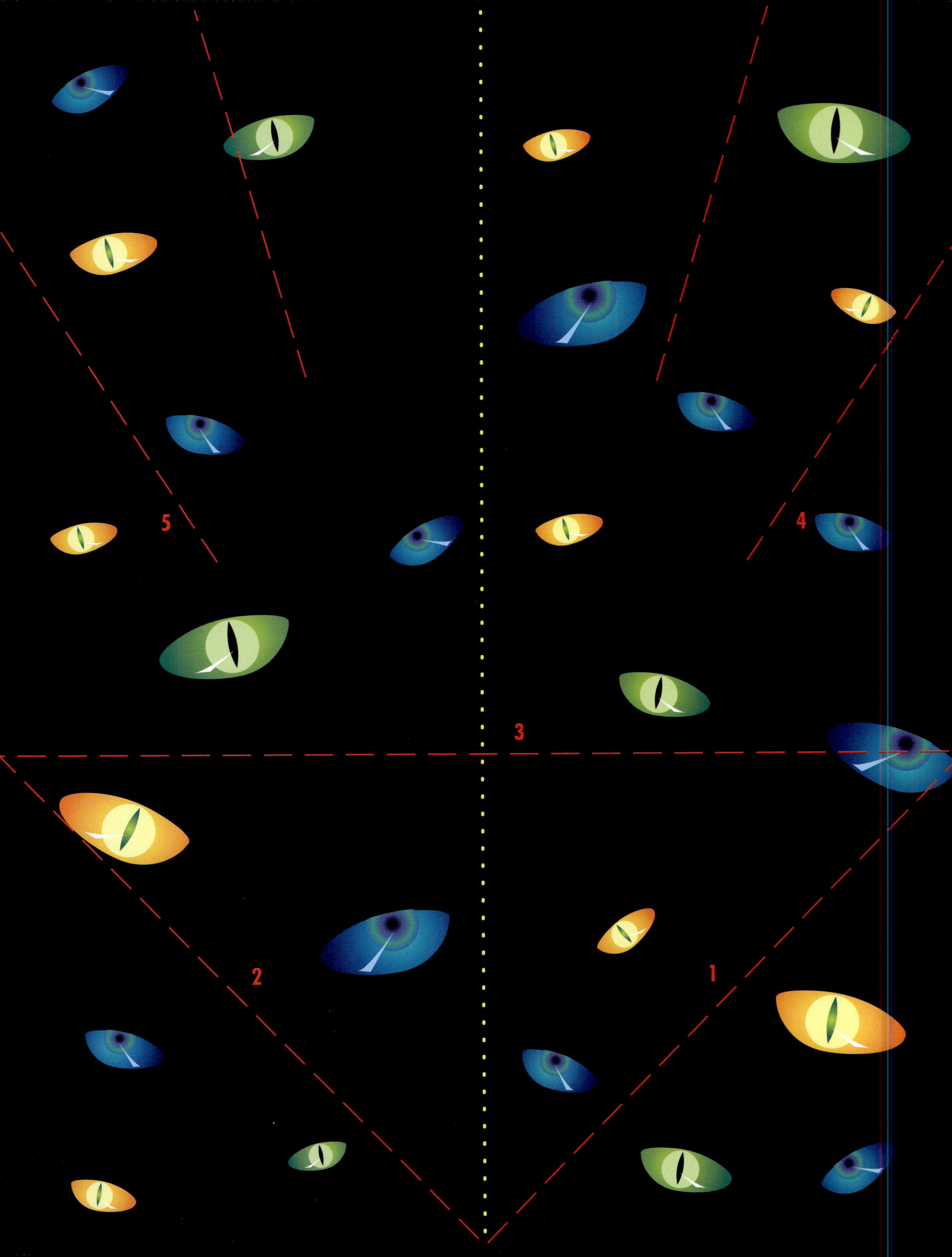
5
4
3
2
1

6
8
9
7

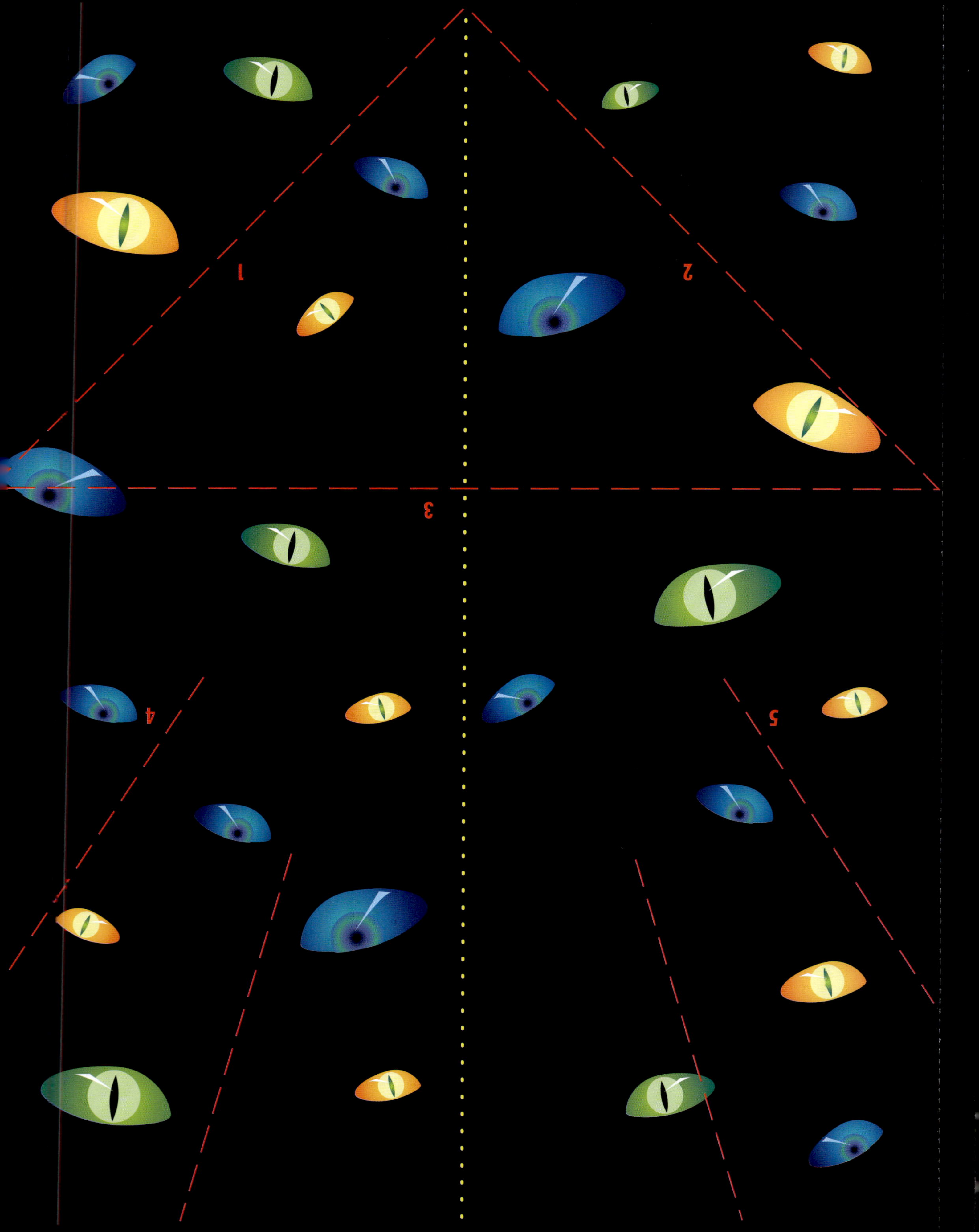
1
2
3
4
5

For The Slice folding instructions, see page 37.

6
7
4
3
2
1

For The Slice folding instructions, see page 37.

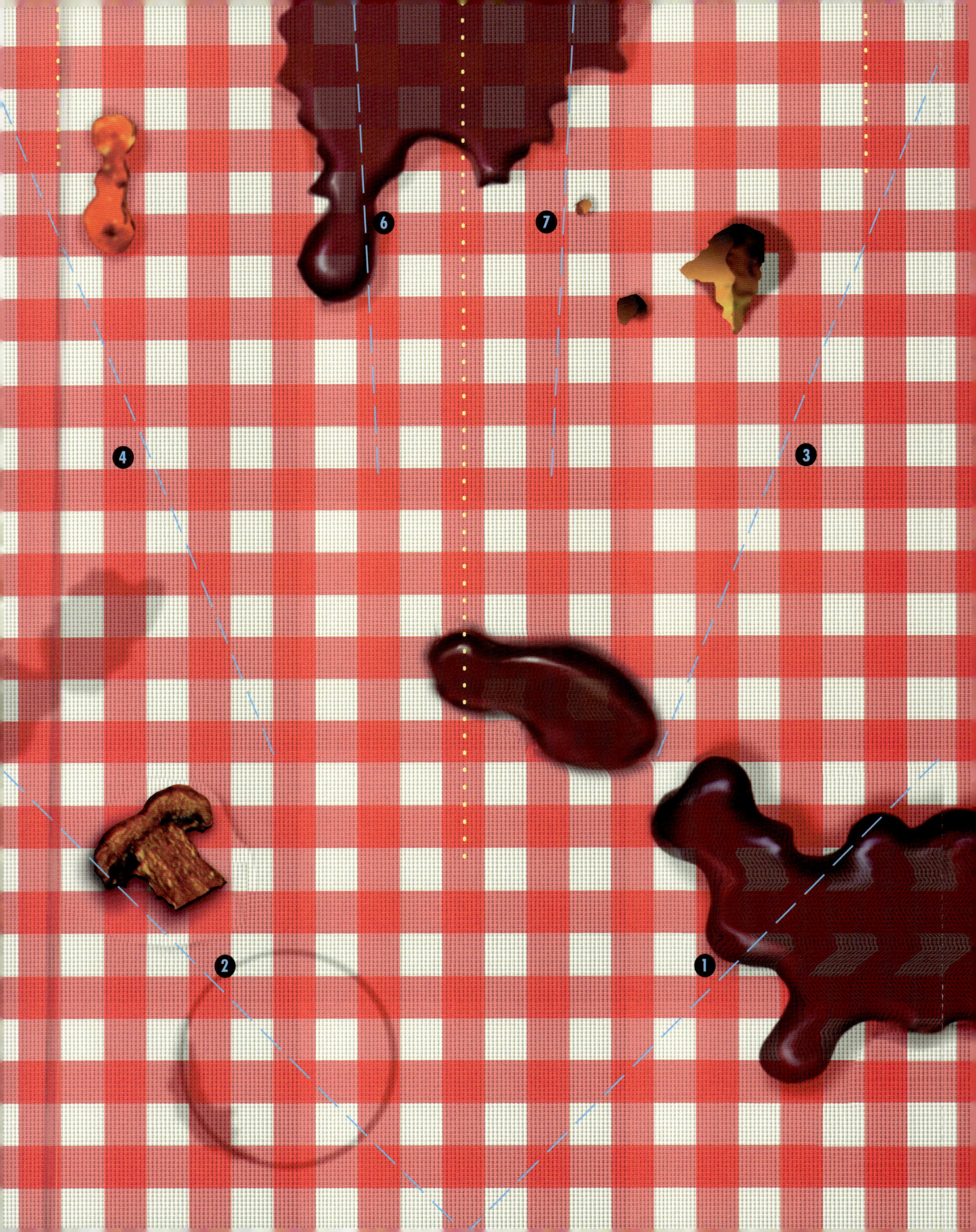
6
7
4
3
2
1

For The Slice folding instructions, see page 37.

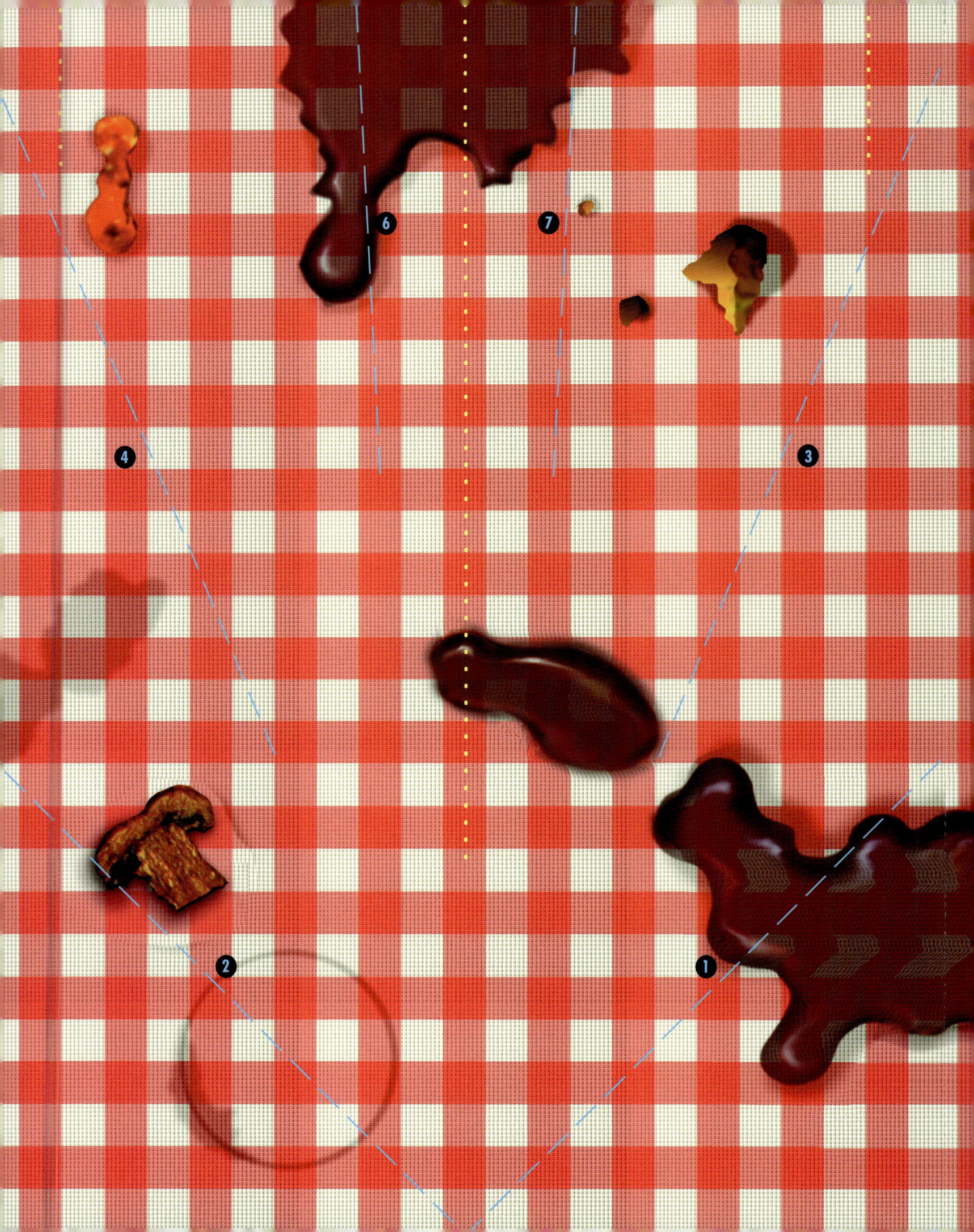
6
7
4
3
2
1

For The Glider folding instructions, see page 39.

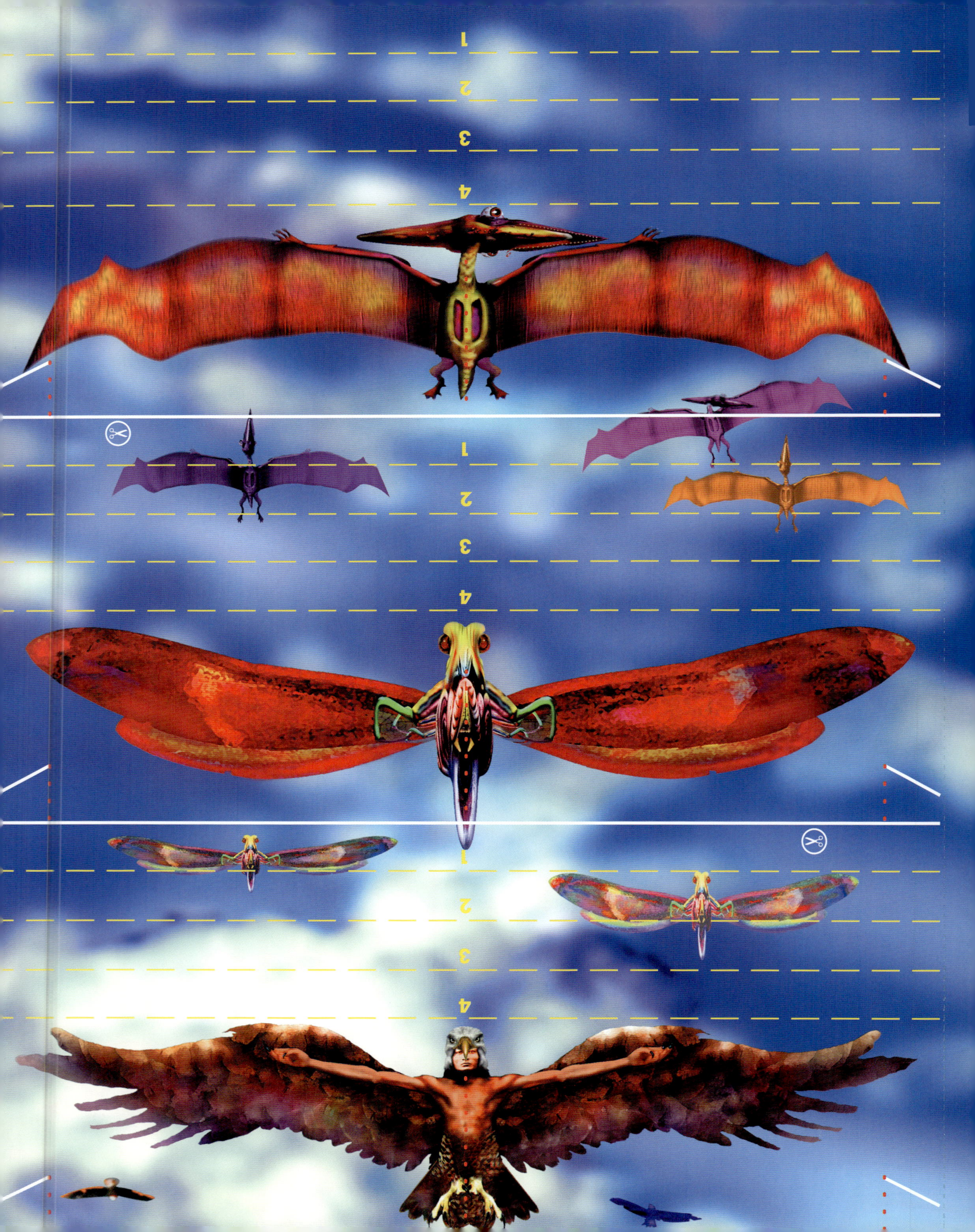
1
2
3
4
1
2
3
4
1
2
3
4

For The Glider folding instructions, see page 39.

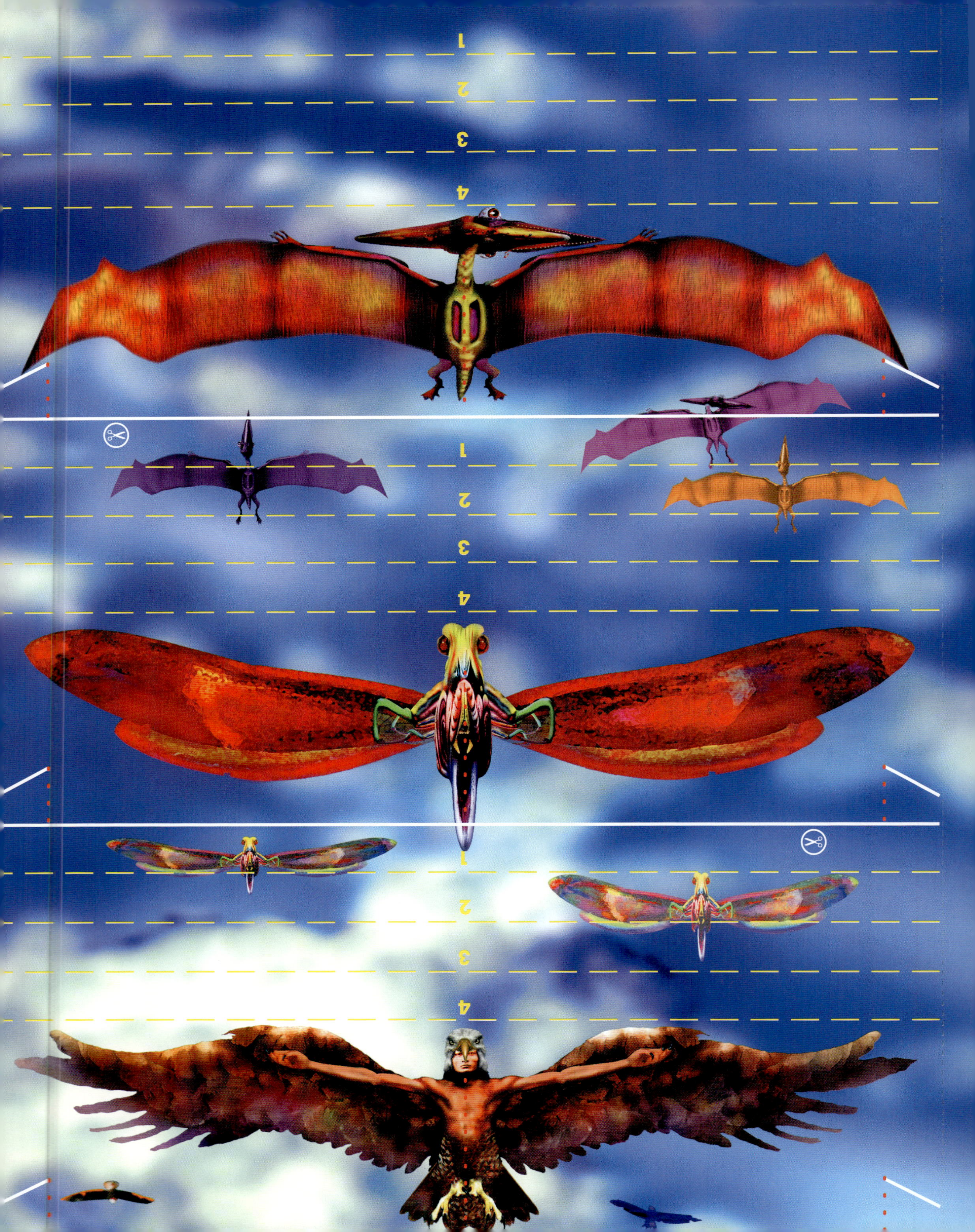

For The Glider folding instructions, see page 39.

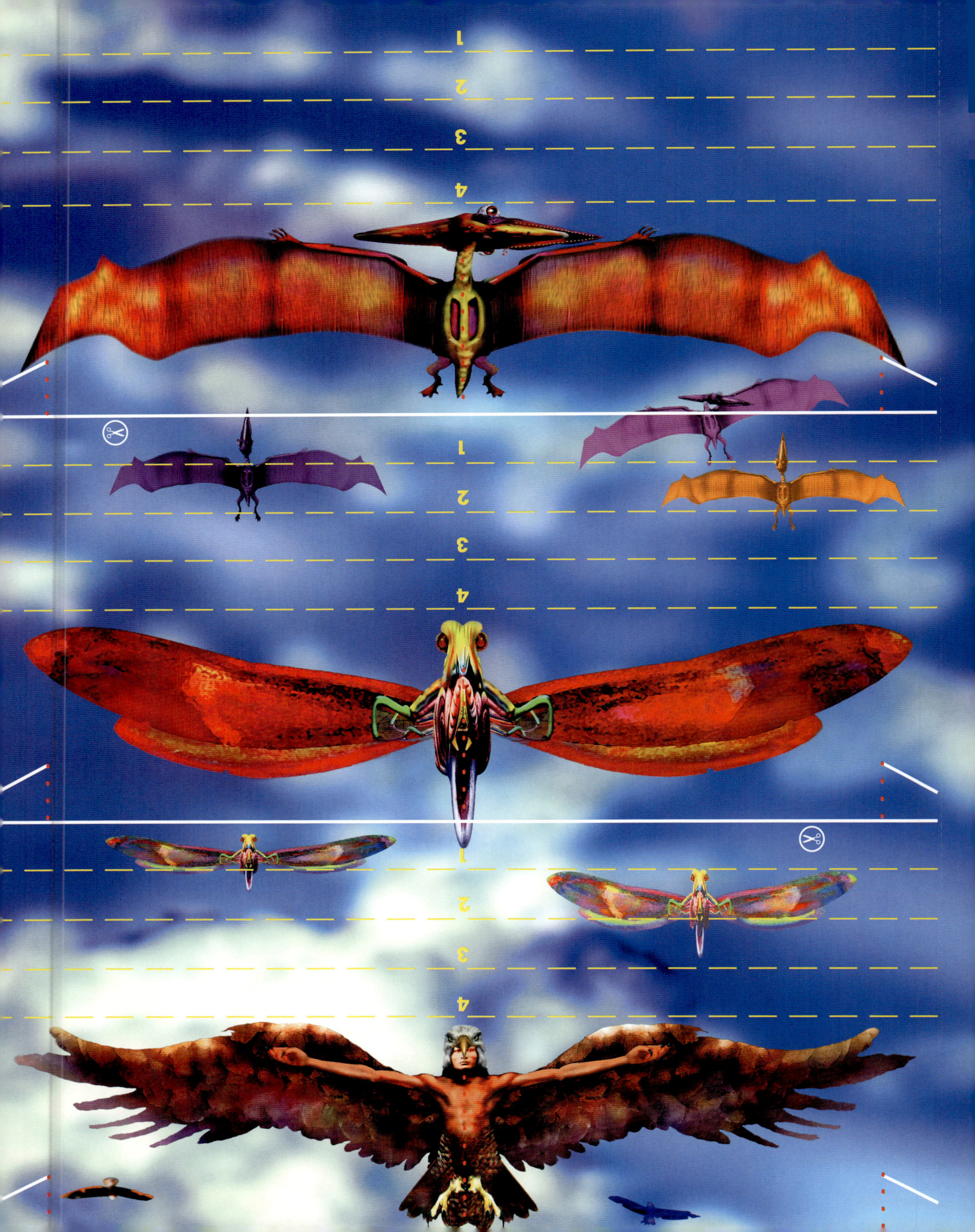

For Robo-Chopper folding instructions, see page 41.

ROBO-CHOPPER
6
5

For Robo-Chopper folding instructions, see page 41.

ROBO-CHOPPER

For Robo-Chopper folding instructions, see page 41.

ROBO-CHOPPER
5
6

For Aerobat folding instructions, see page 43.

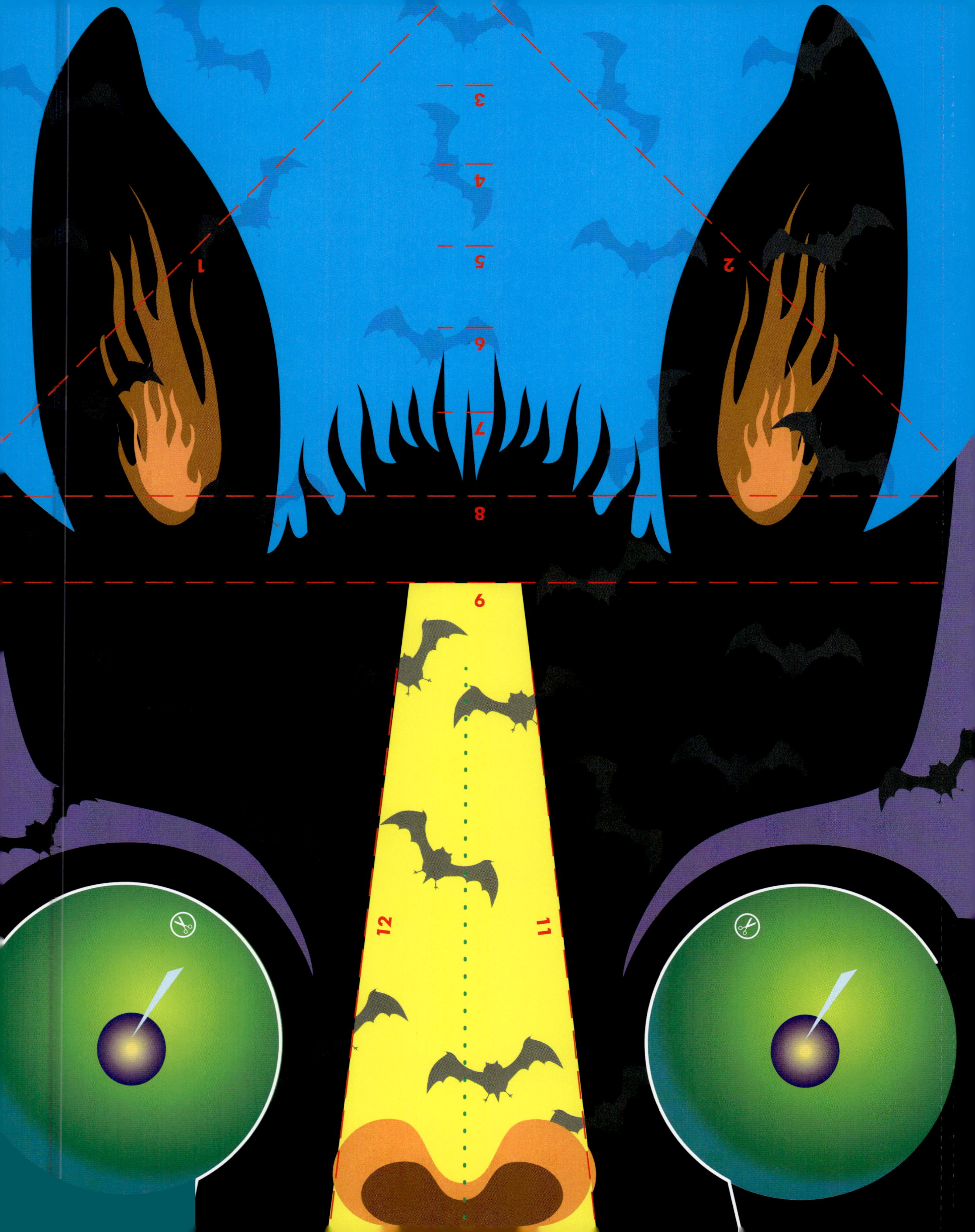
3
4
1
5
2
6
7
8
9
12
11

For Aerobat folding instructions, see page 43.

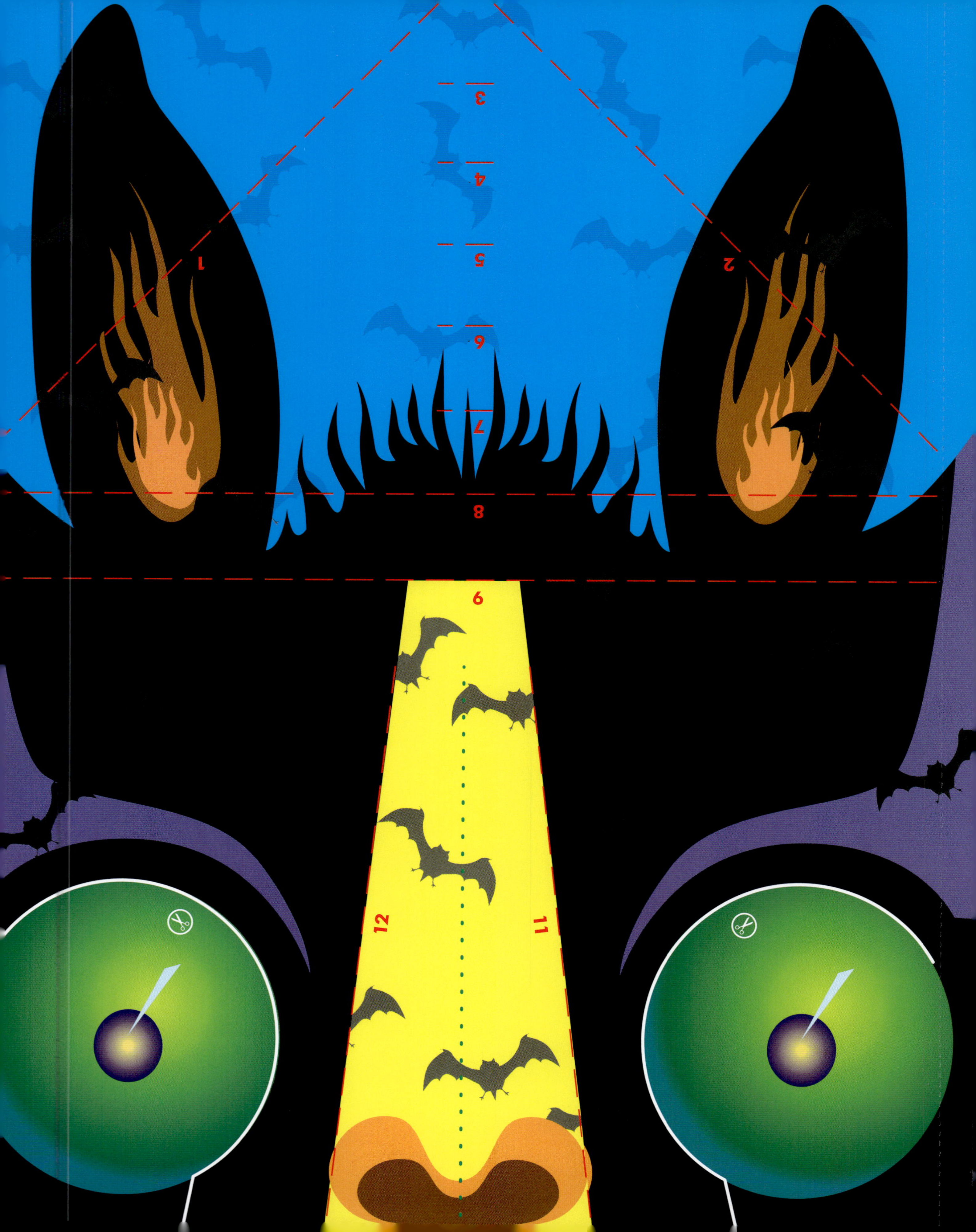

1
2
3
4
5
6
7
8
9
11
12

For Aerobat folding instructions, see page 43.

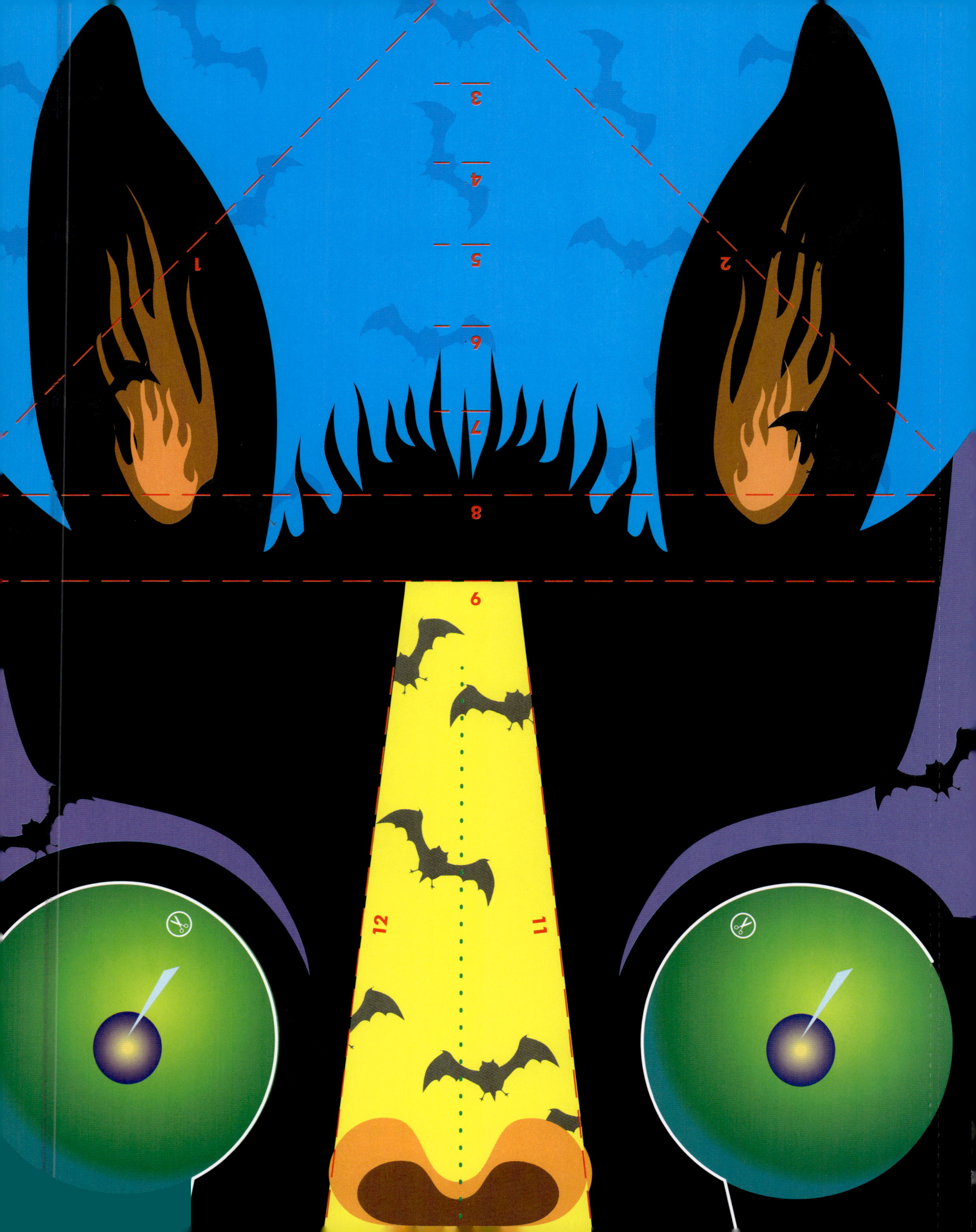
1
2
3
4
5
6
7
8
9
12
11

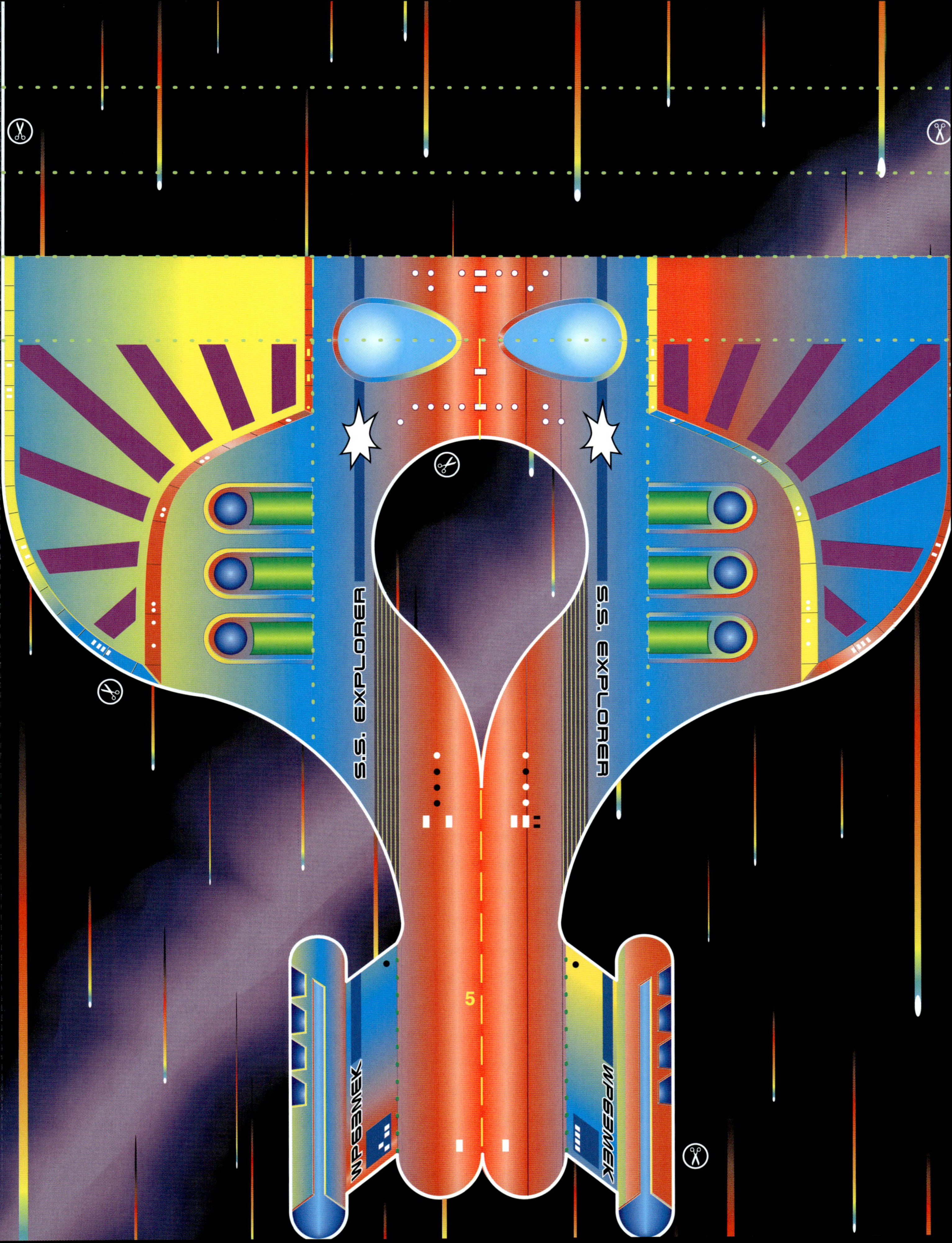
S.S. EXPLORER
S.S. EXPLORER
5

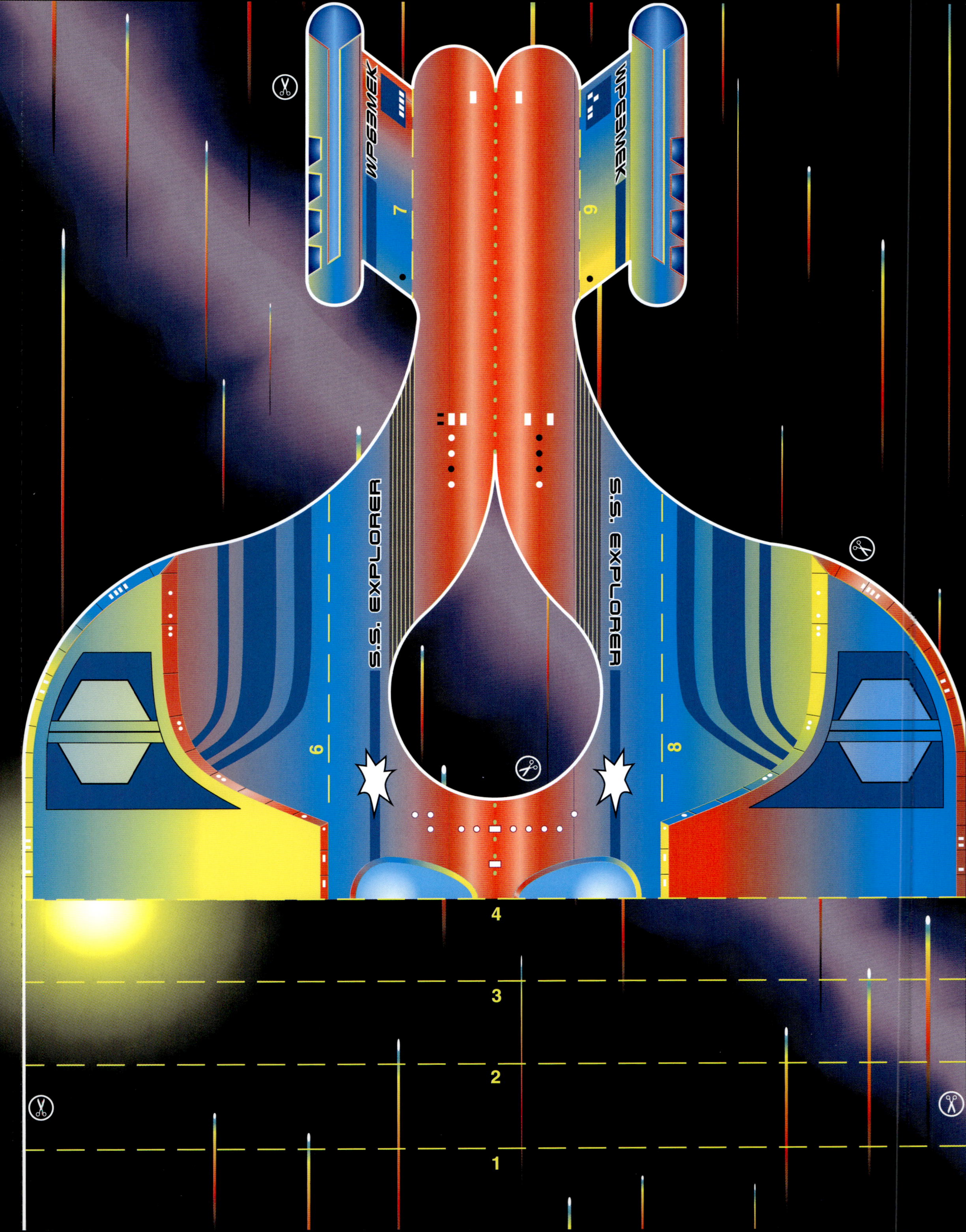

WP63MEK
WP63MEK
7
9
S.S. EXPLORER
S.S. EXPLORER
6
8
4
3
2
1

For The S.S. Explorer folding instructions, see page 45.

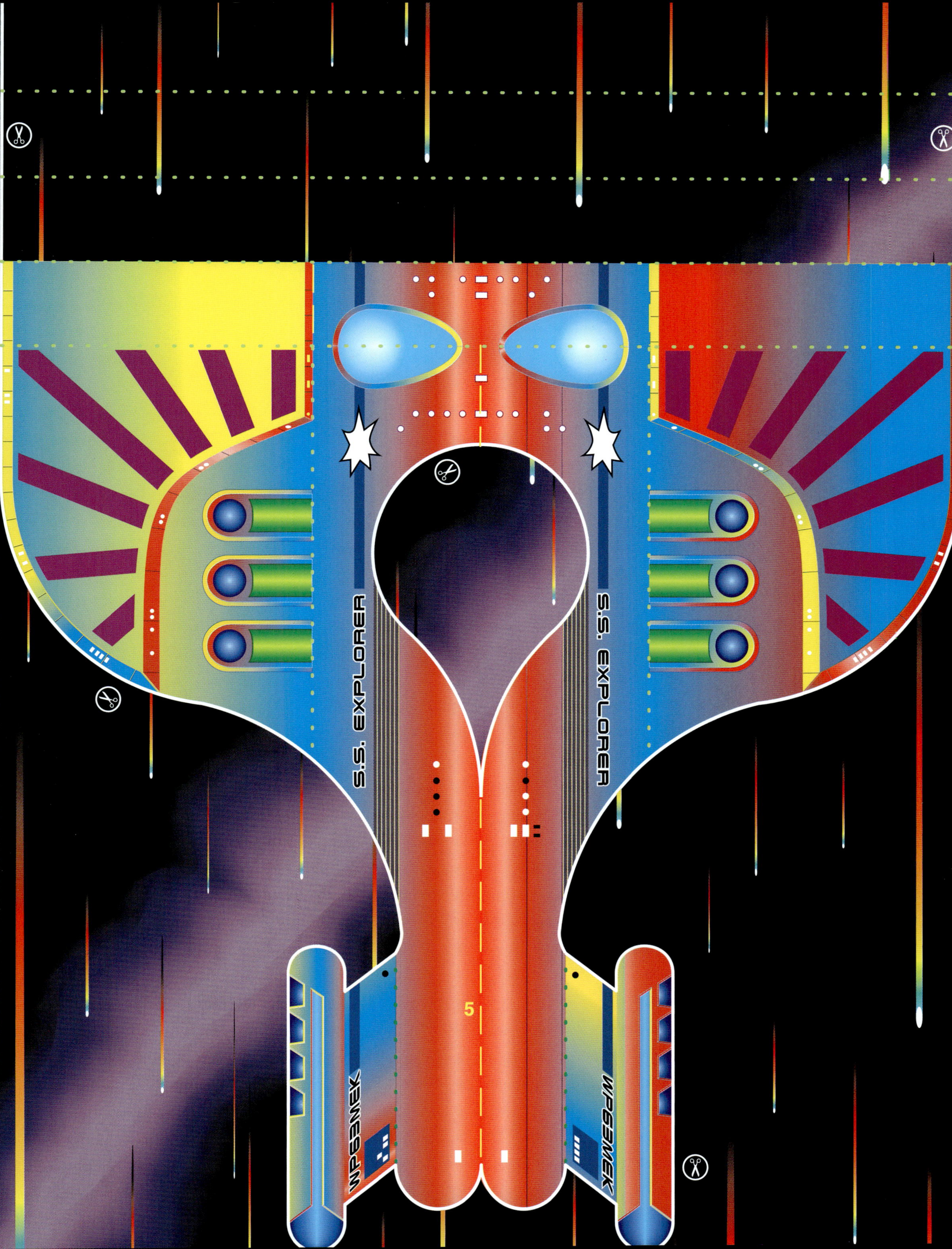

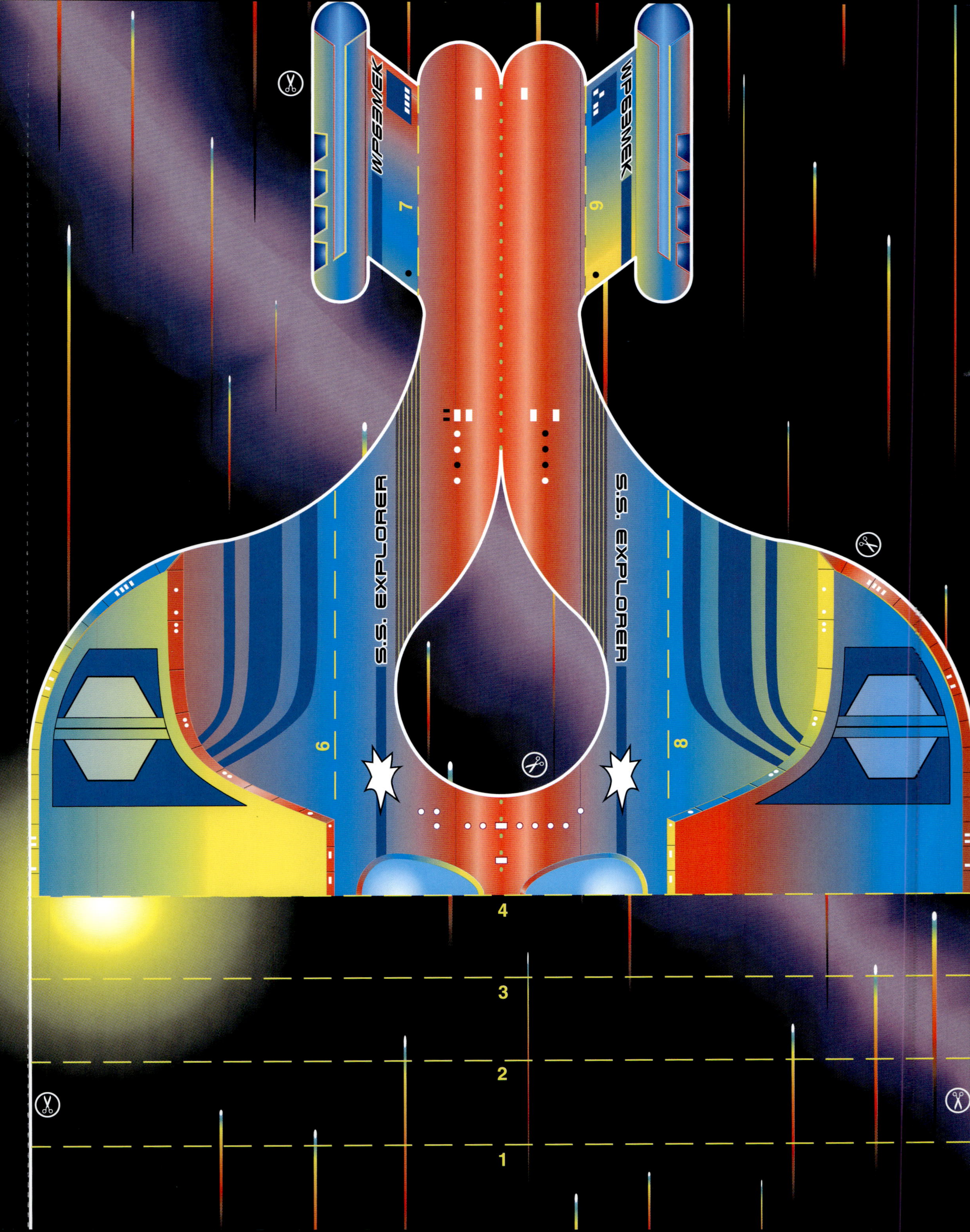
S.S. EXPLORER
S.S. EXPLORER
1
2
3
4

For The S.S. Explorer folding instructions, see page 45.

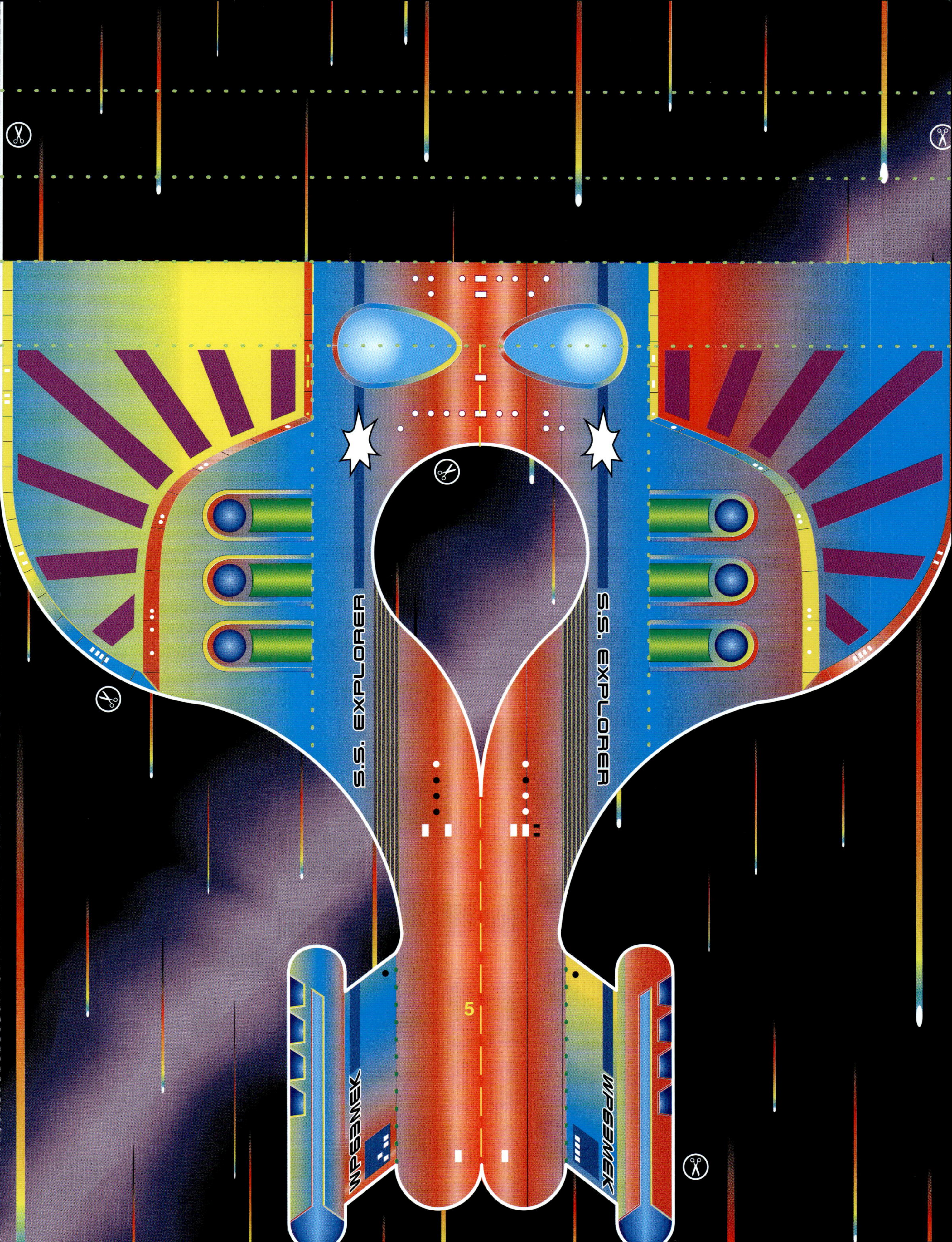

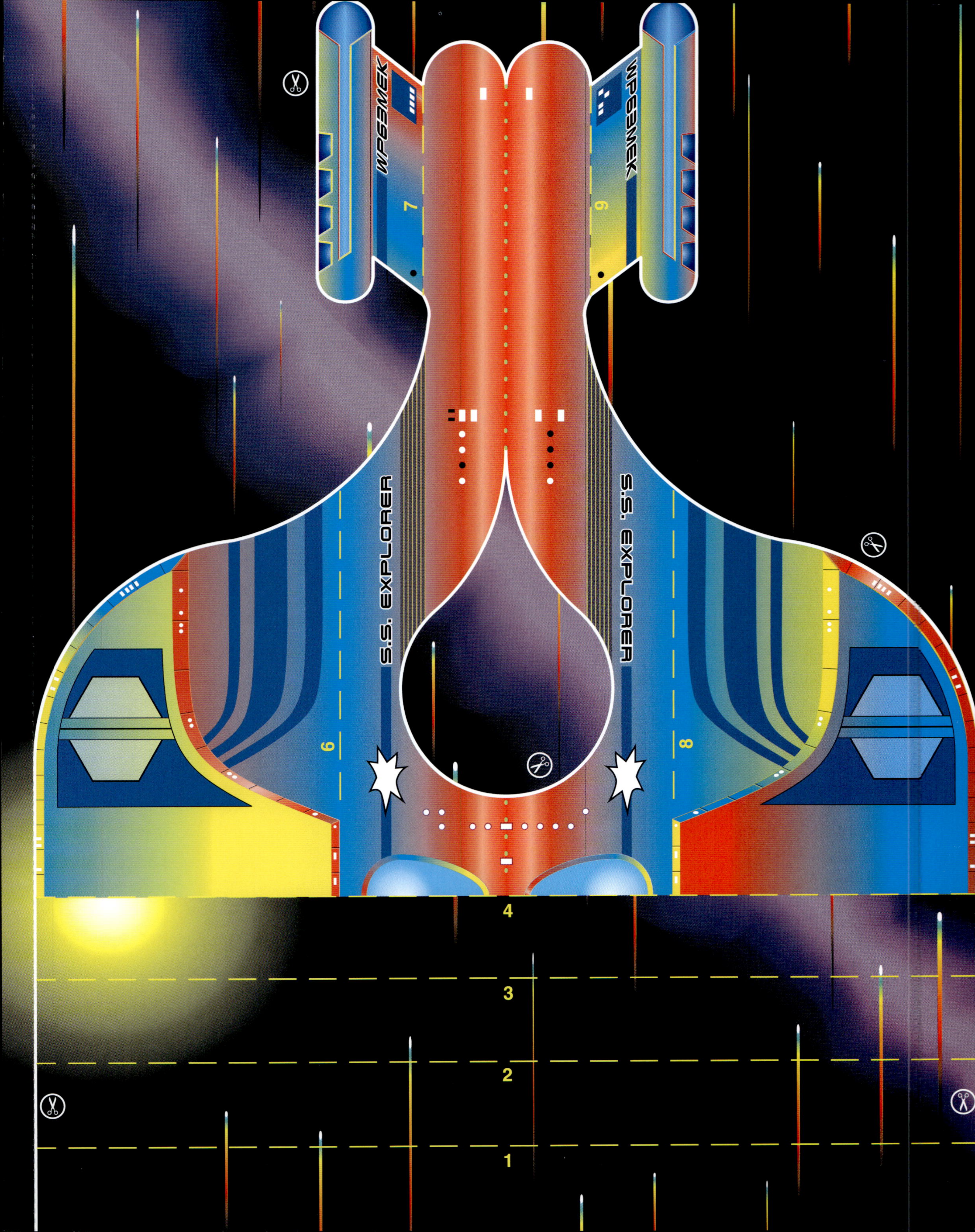
S.S. EXPLORER
S.S. EXPLORER
WP63MEK
WP63MEK
7
6
9
8
4
3
2
1

For The Butterfly folding instructions, see page 47.

1
2
3
4
5
7
8

For The Butterfly folding instructions, see page 47.
9

1
2
3
4
5
7
8

For The Butterfly folding instructions, see page 47.

1
2
3
4
5
7
8

For The Thunderbolt folding instructions, see page 49.

THUNDERBOLT 1
THUNDERBOLT 1
1
1
1
THUNDERBOLT 2
THUNDERBOLT 2
1
2
2

For The Thunderbolt folding instructions, see page 49.

THUNDERBOLT 1
THUNDERBOLT 1
1
1
1
THUNDERBOLT 2
THUNDERBOLT 2
1
2
2

For The Thunderbolt folding instructions, see page 49.

THUNDERBOLT 1
THUNDERBOLT 1
1
1
1
THUNDERBOLT 2
THUNDERBOLT 2
1
2
2

For Dragon Ring folding instructions, see page 51.

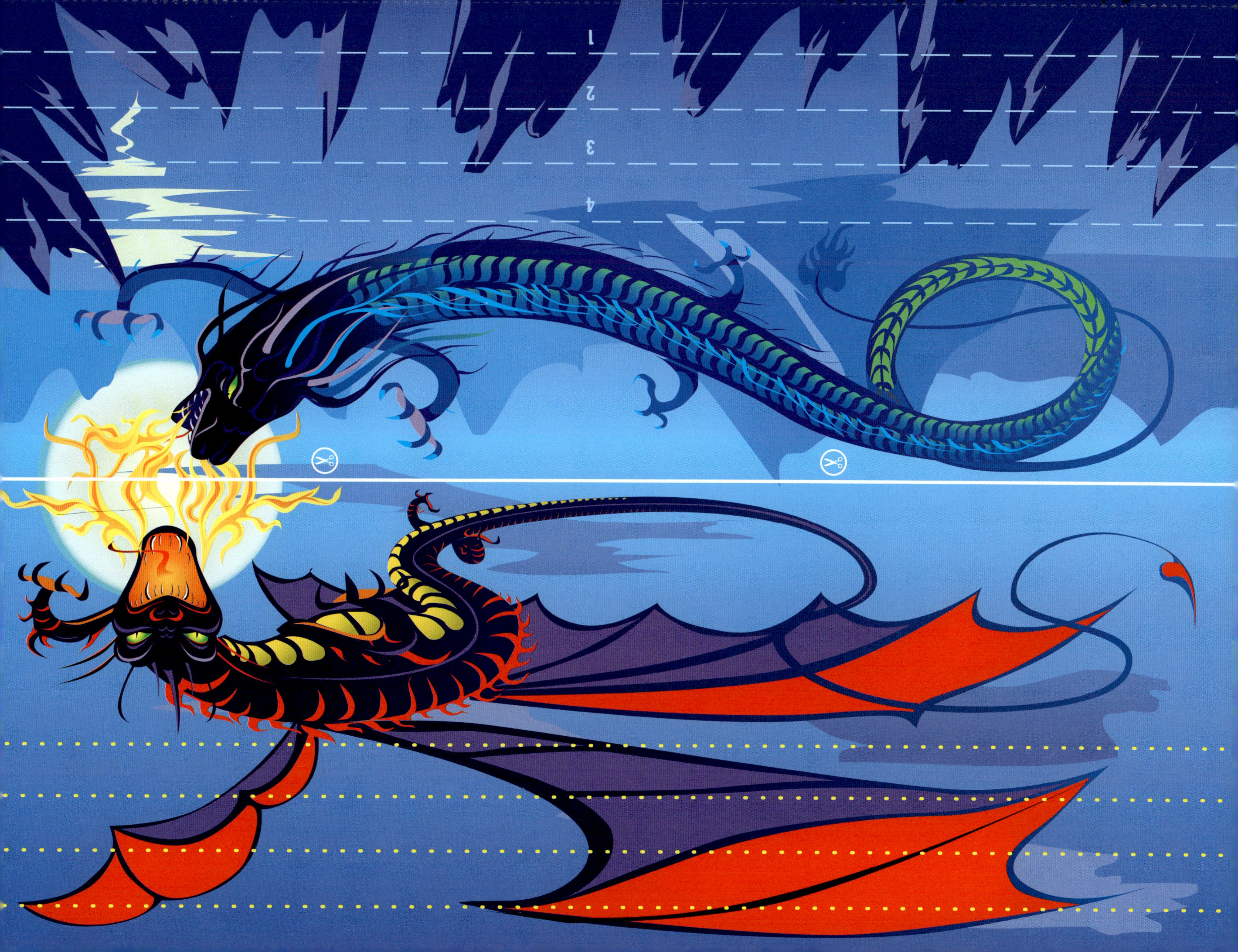

1
2
3
4

For Dragon Ring folding instructions, see page 51.

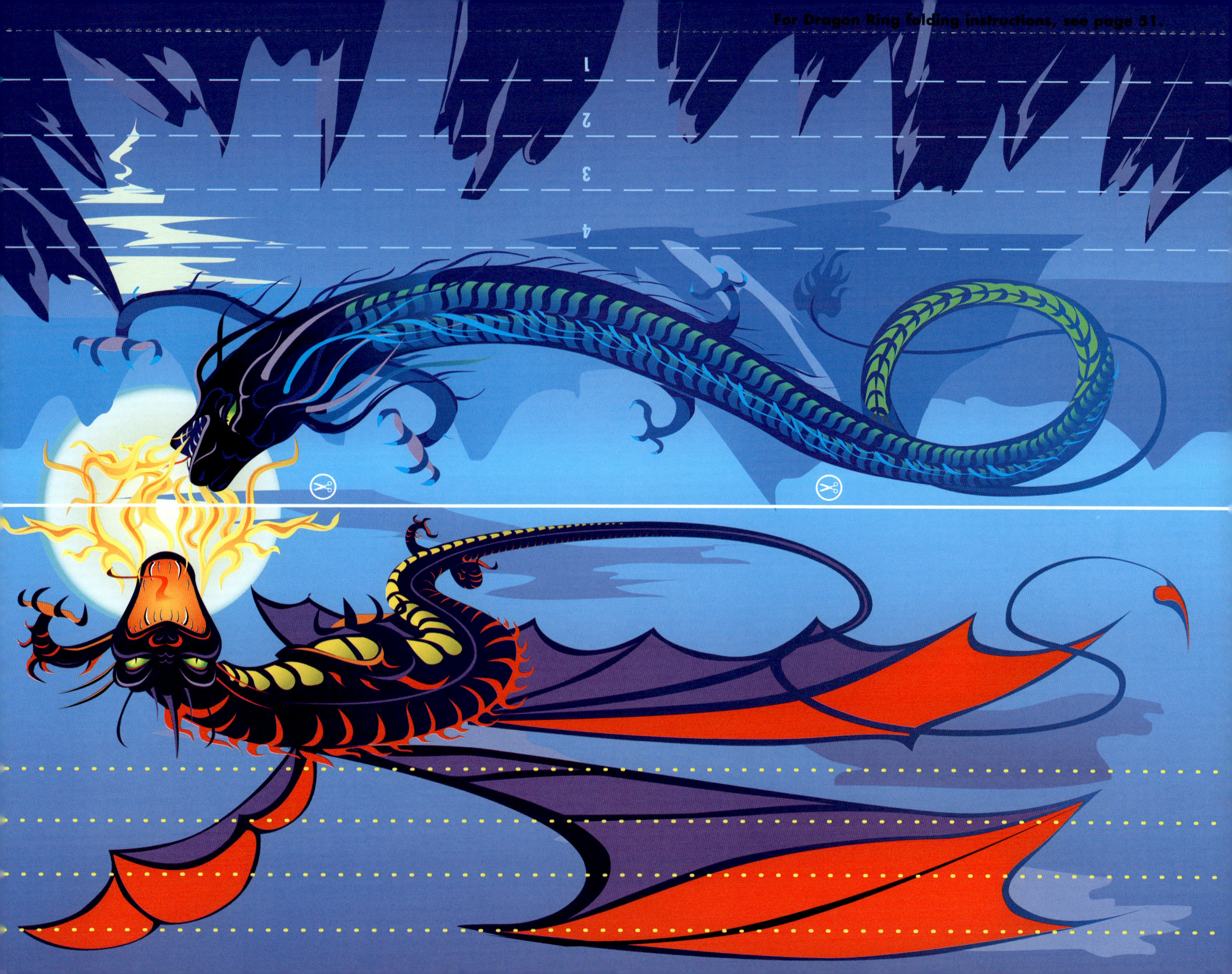

1
2
3
4

For Dragon Ring folding instructions, see page 51.

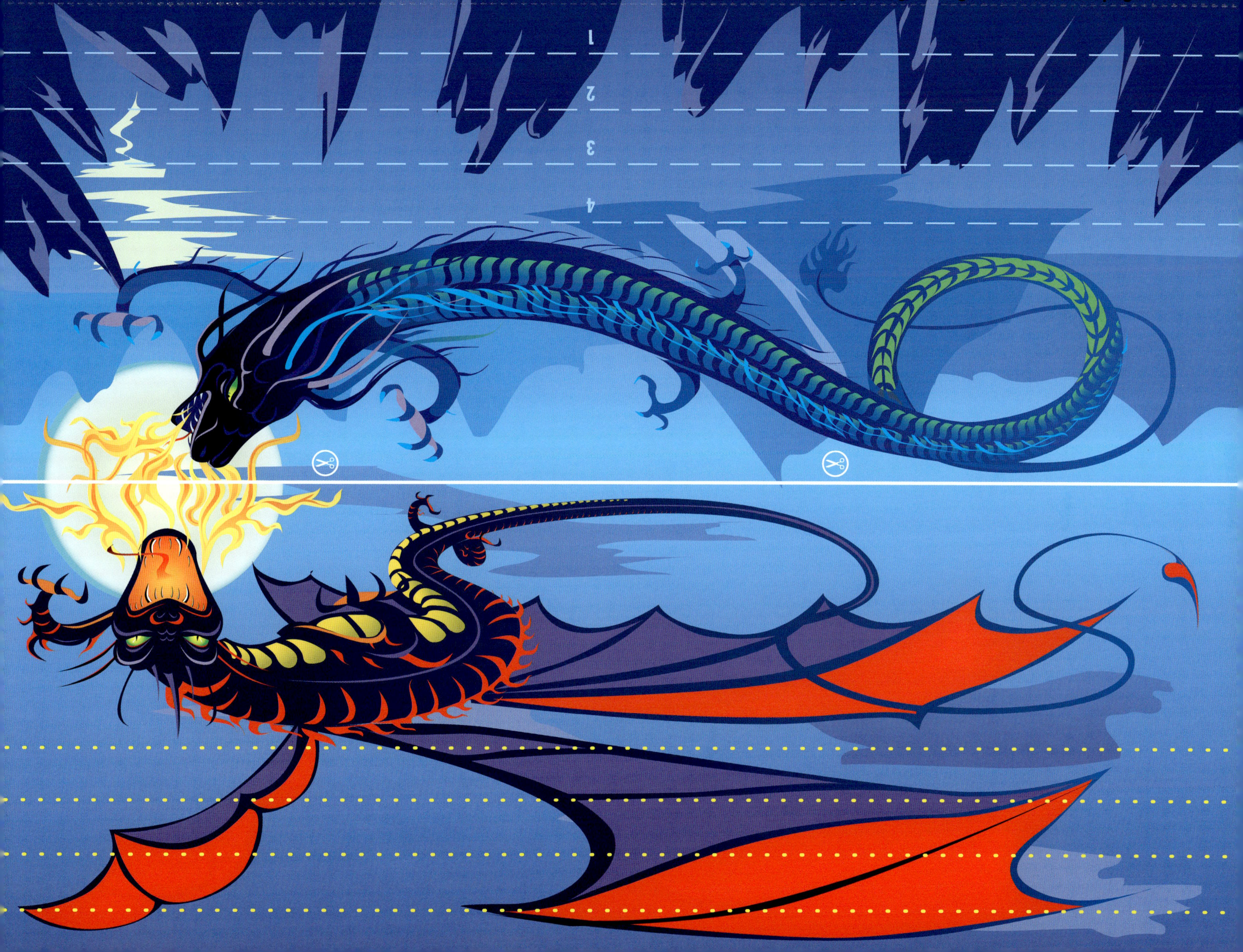

1
2
3
4

For Blue Angels and Thunderbirds folding instructions, see page 53.

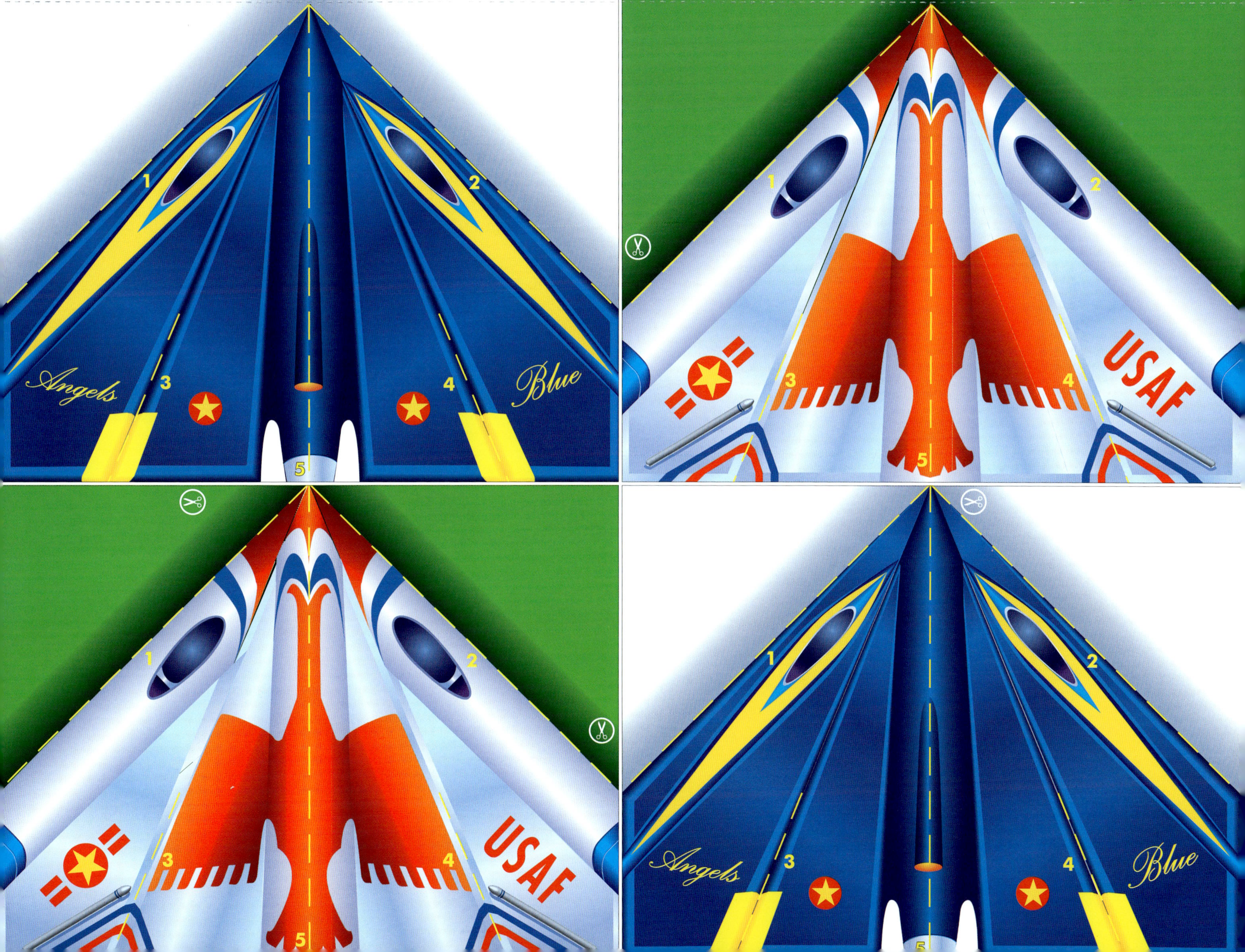

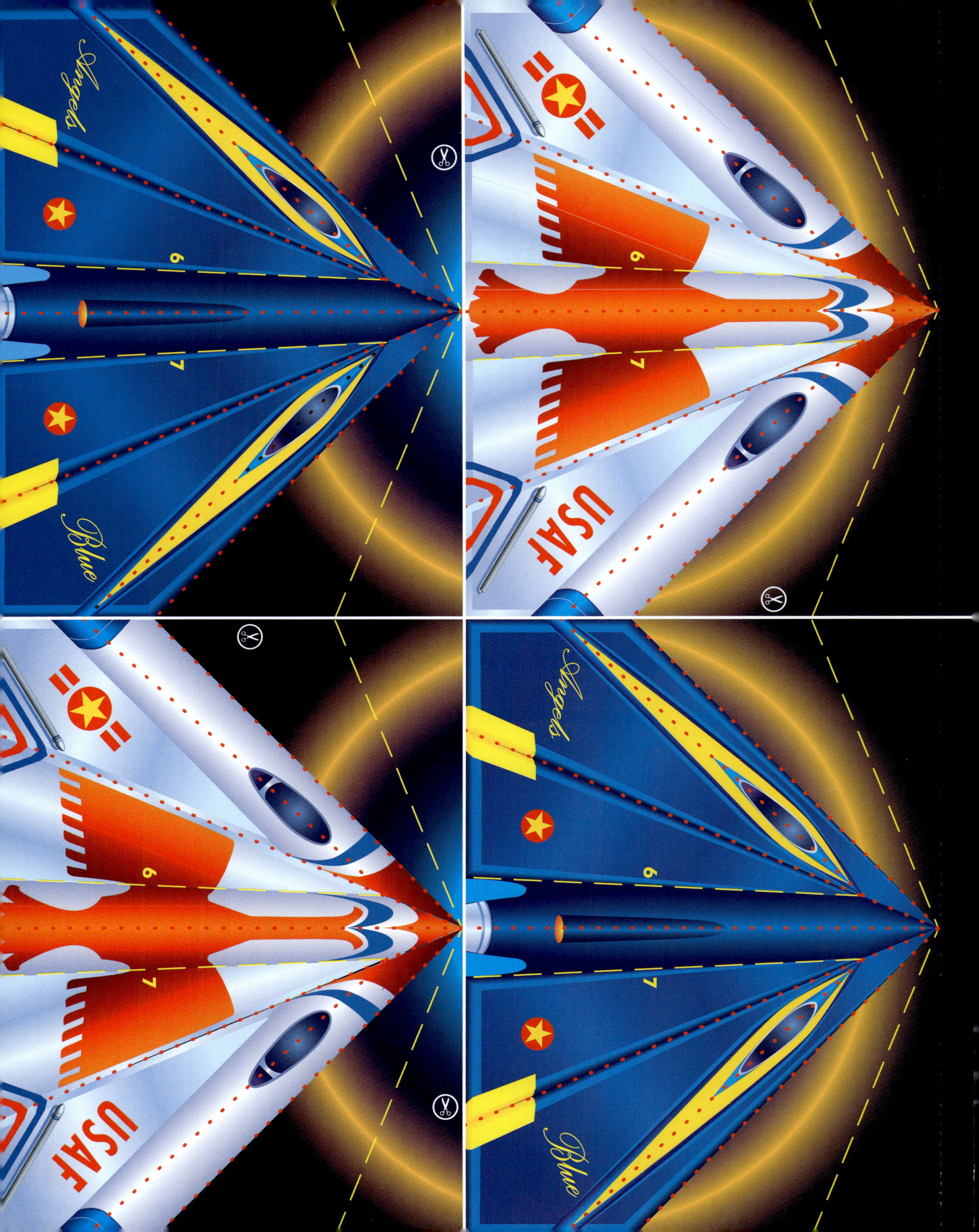
Blue Angels
6
7
USAF

For Blue Angels and Thunderbirds folding instructions, see page 53.

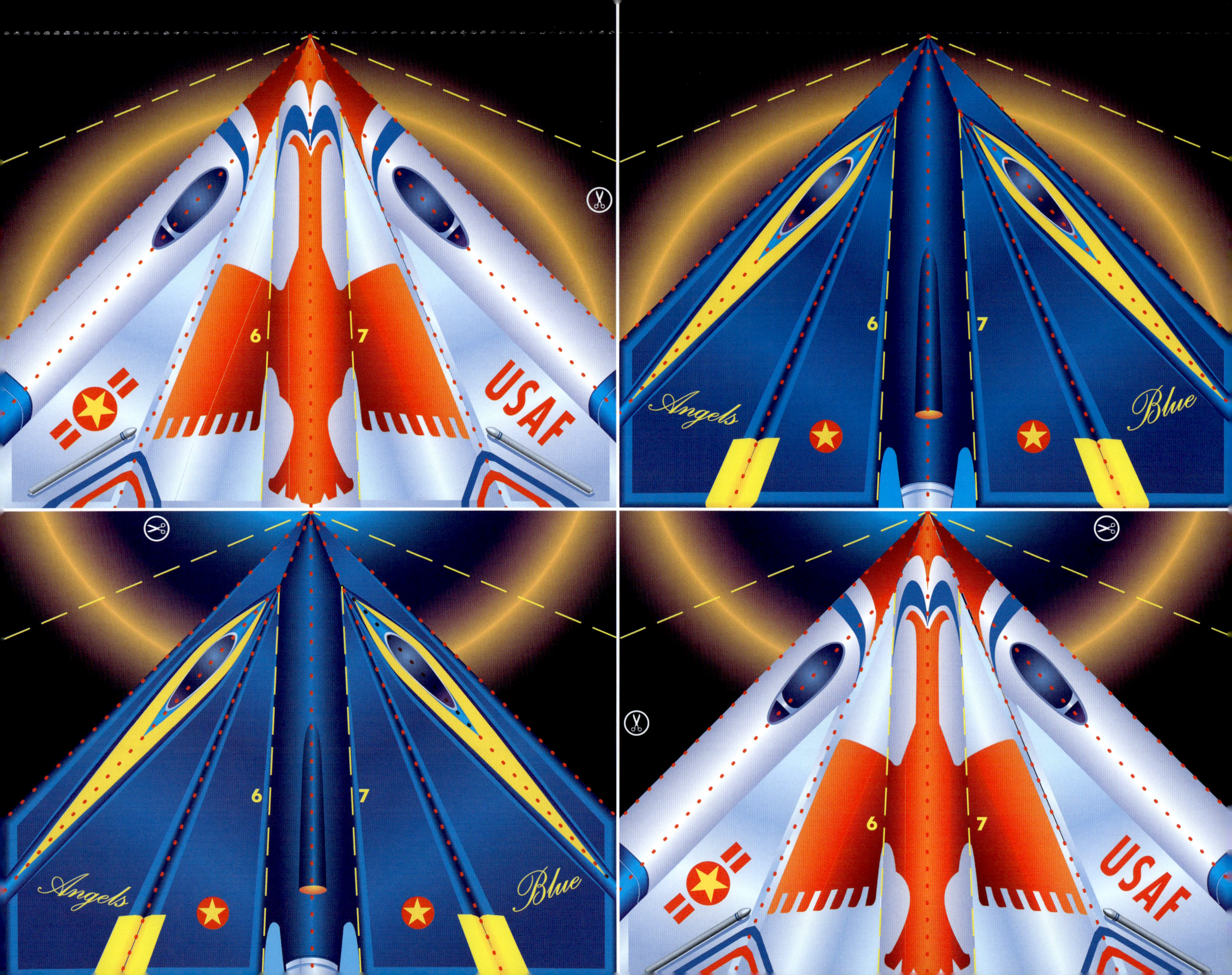
6
7
USAF
Angels
6
7
Blue
Angels
6
7
Blue
6
7
USAF

For Blue Angels and Thunderbirds folding instructions, see page 53.

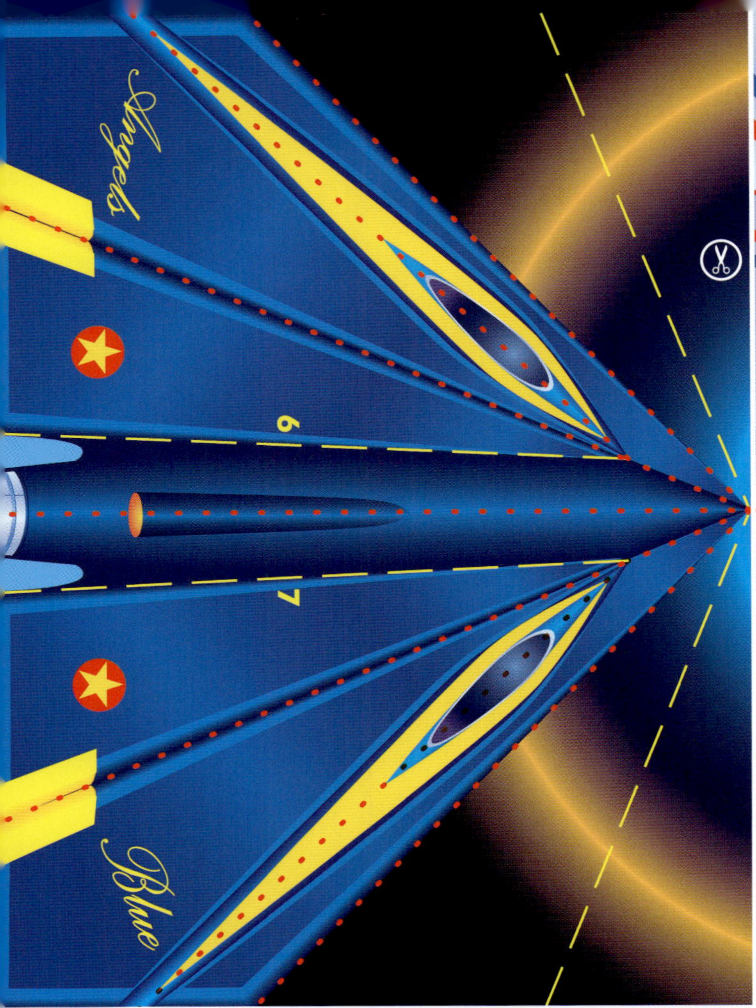
Blue Angels
6
7
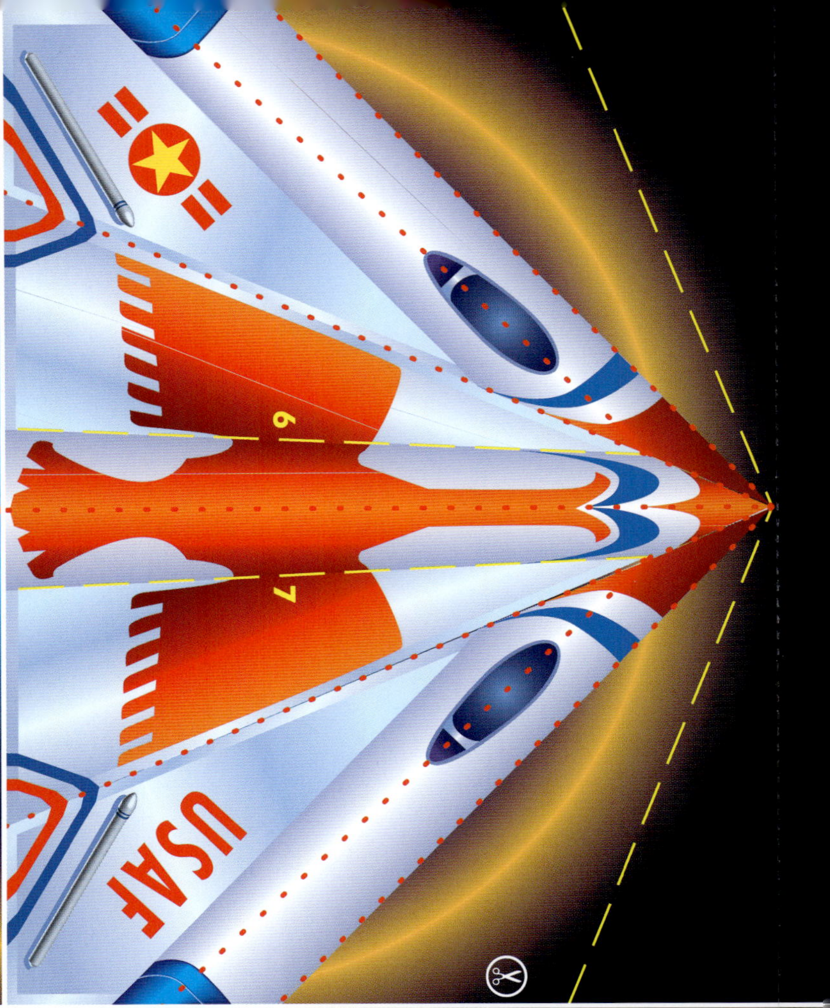
USAF
6
7
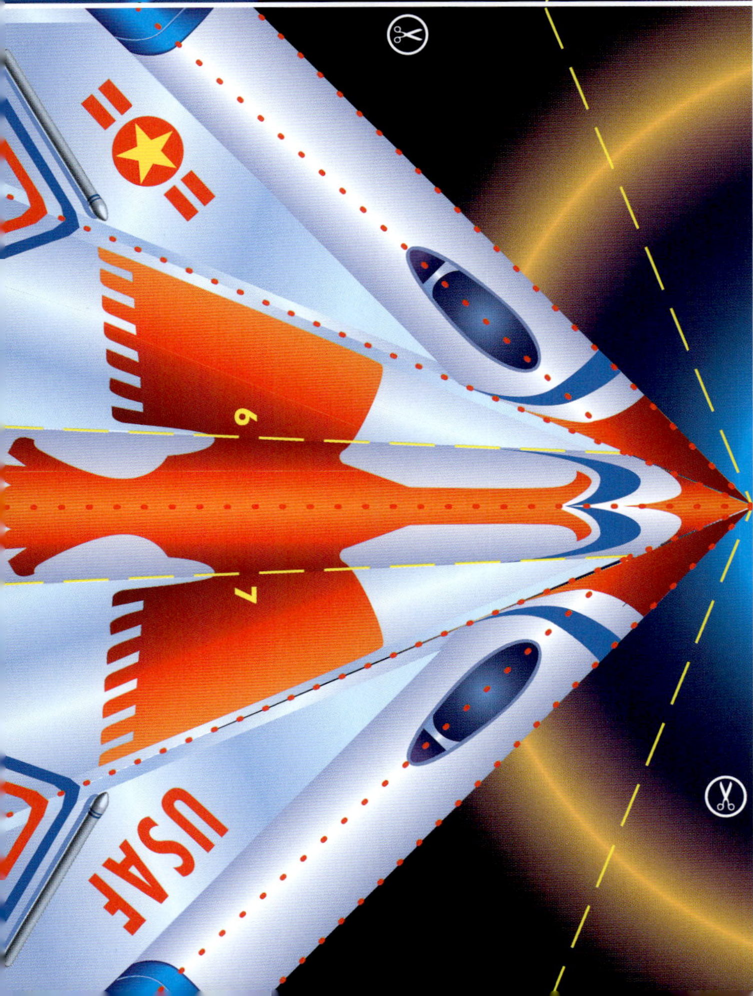
USAF
6
7
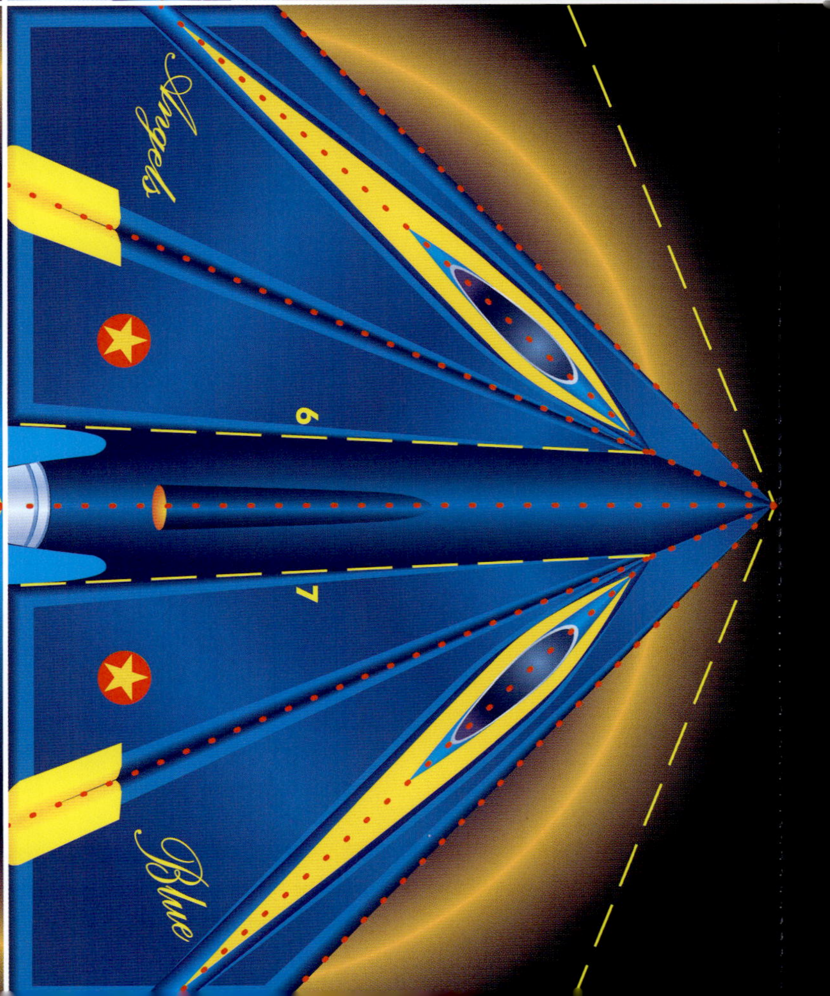
Blue Angels
6
7

For Saturn Rocket folding instructions, see page 55.

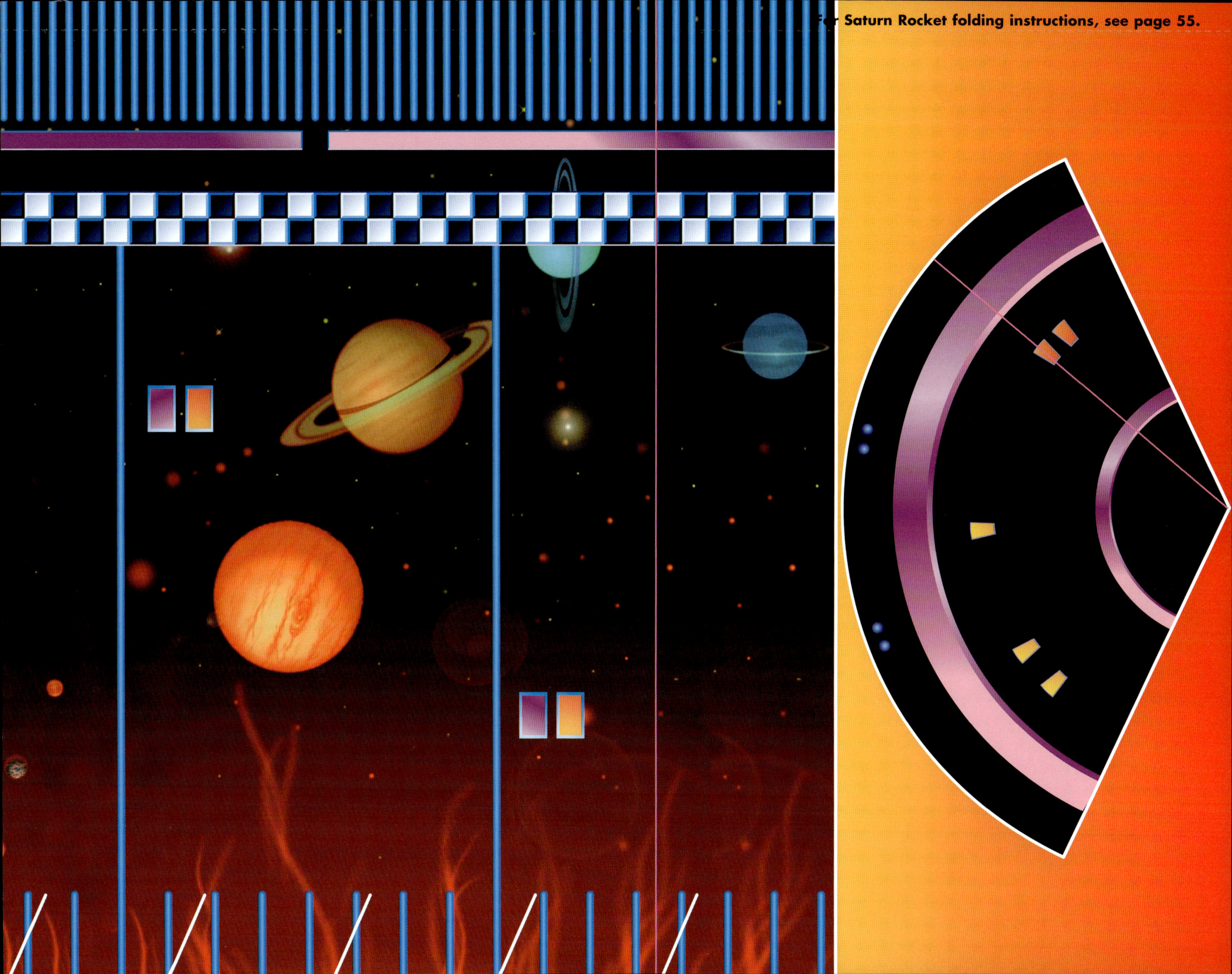

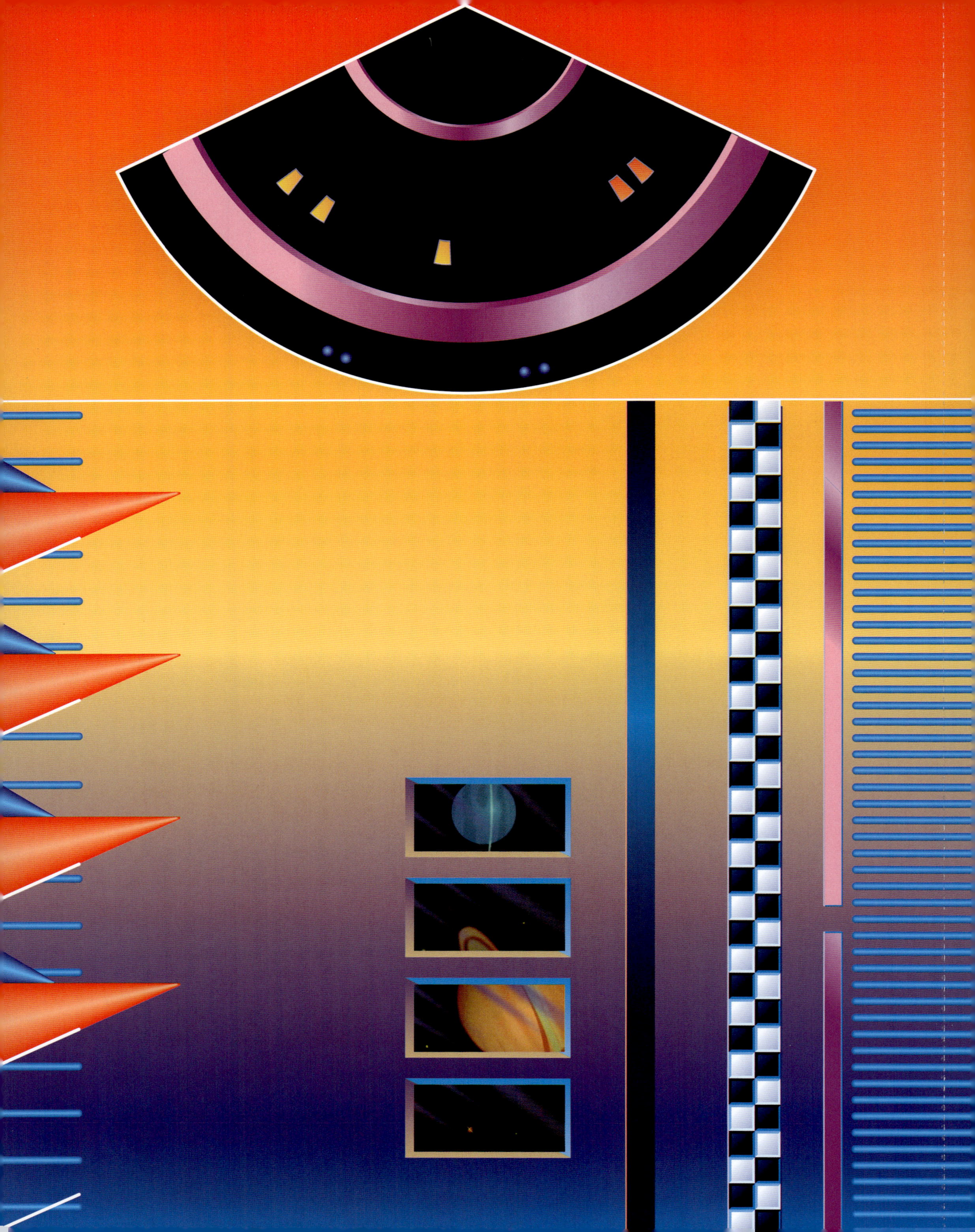

For Saturn Rocket folding instructions, see page 55.

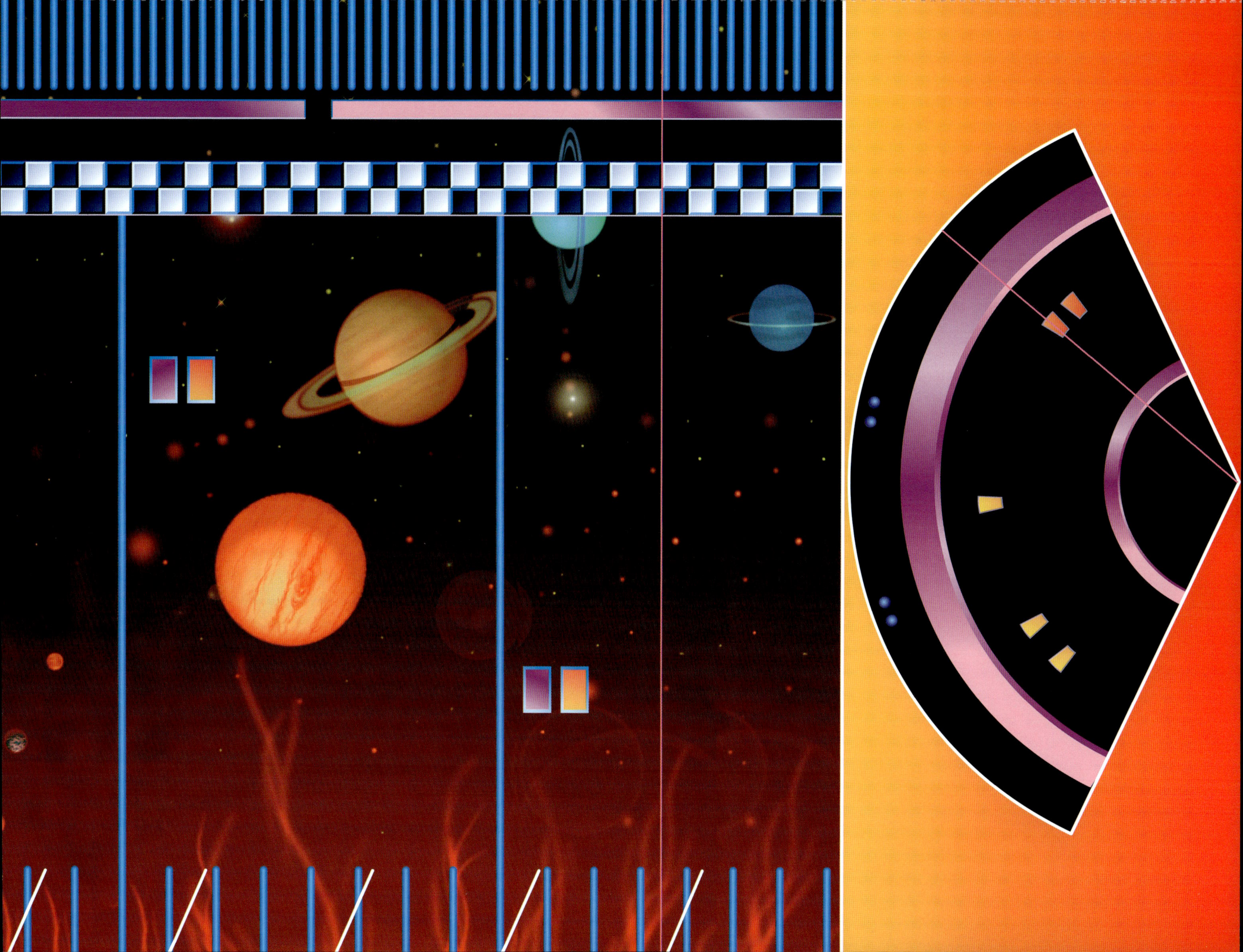

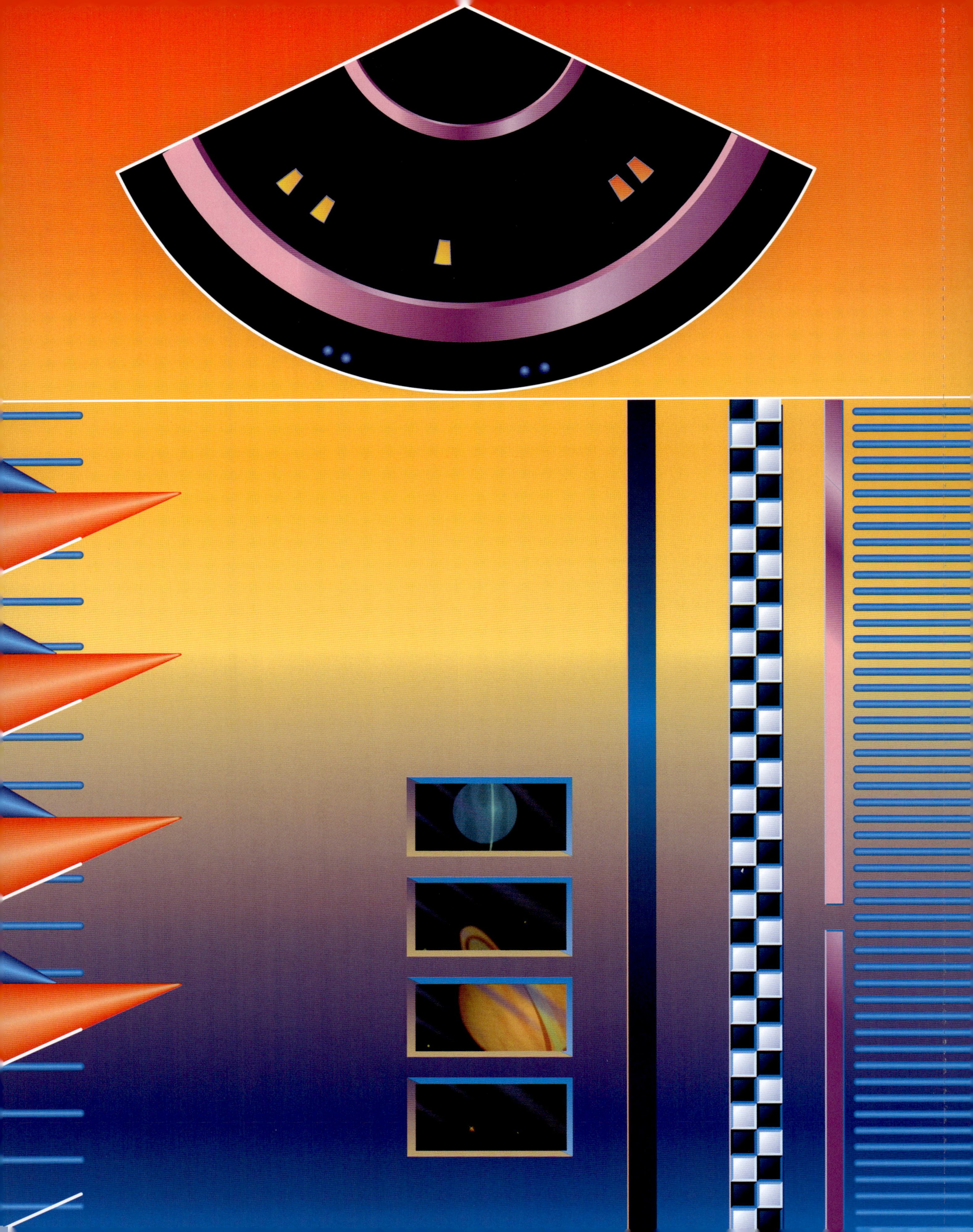

For Saturn Rocket folding instructions, see page 55.

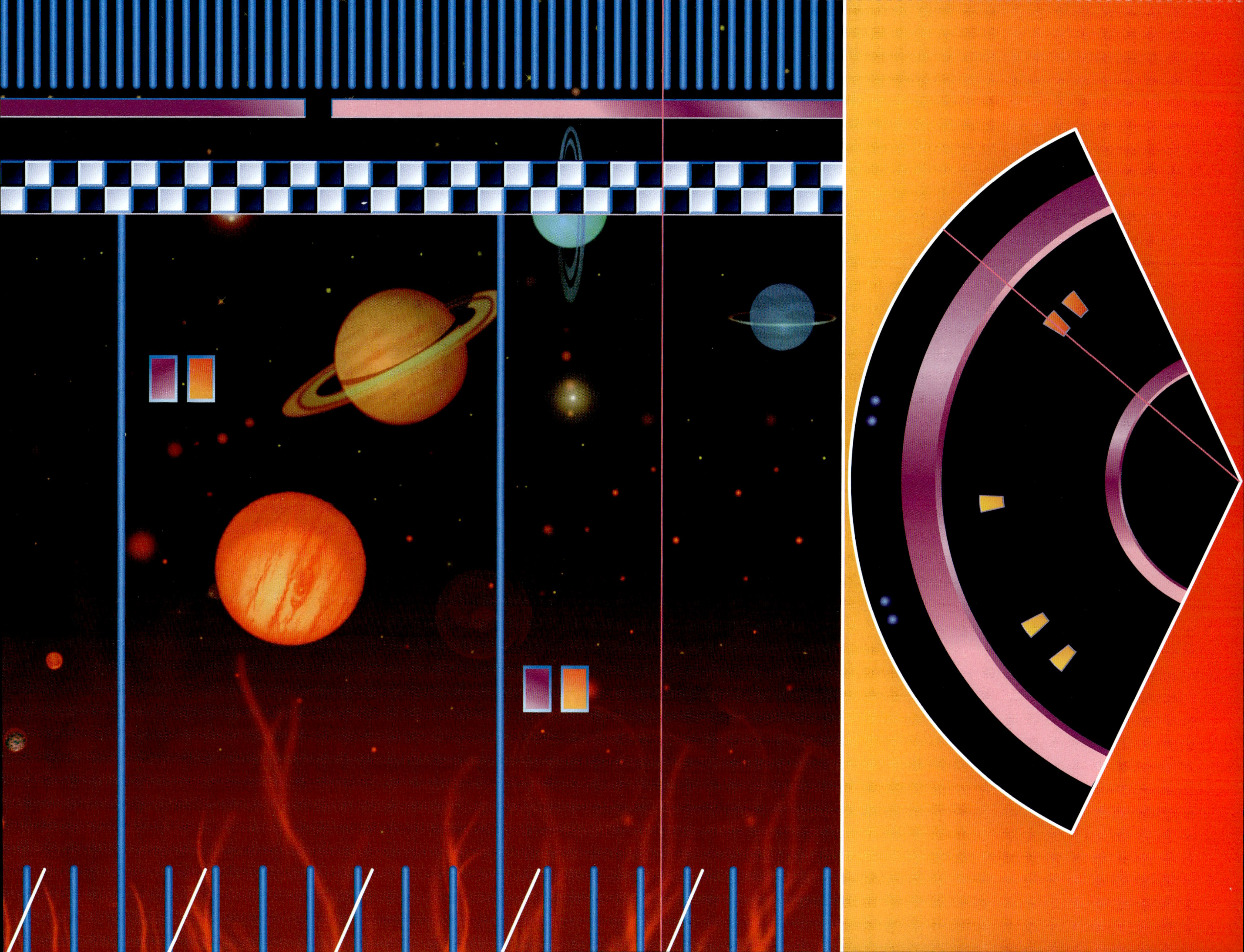

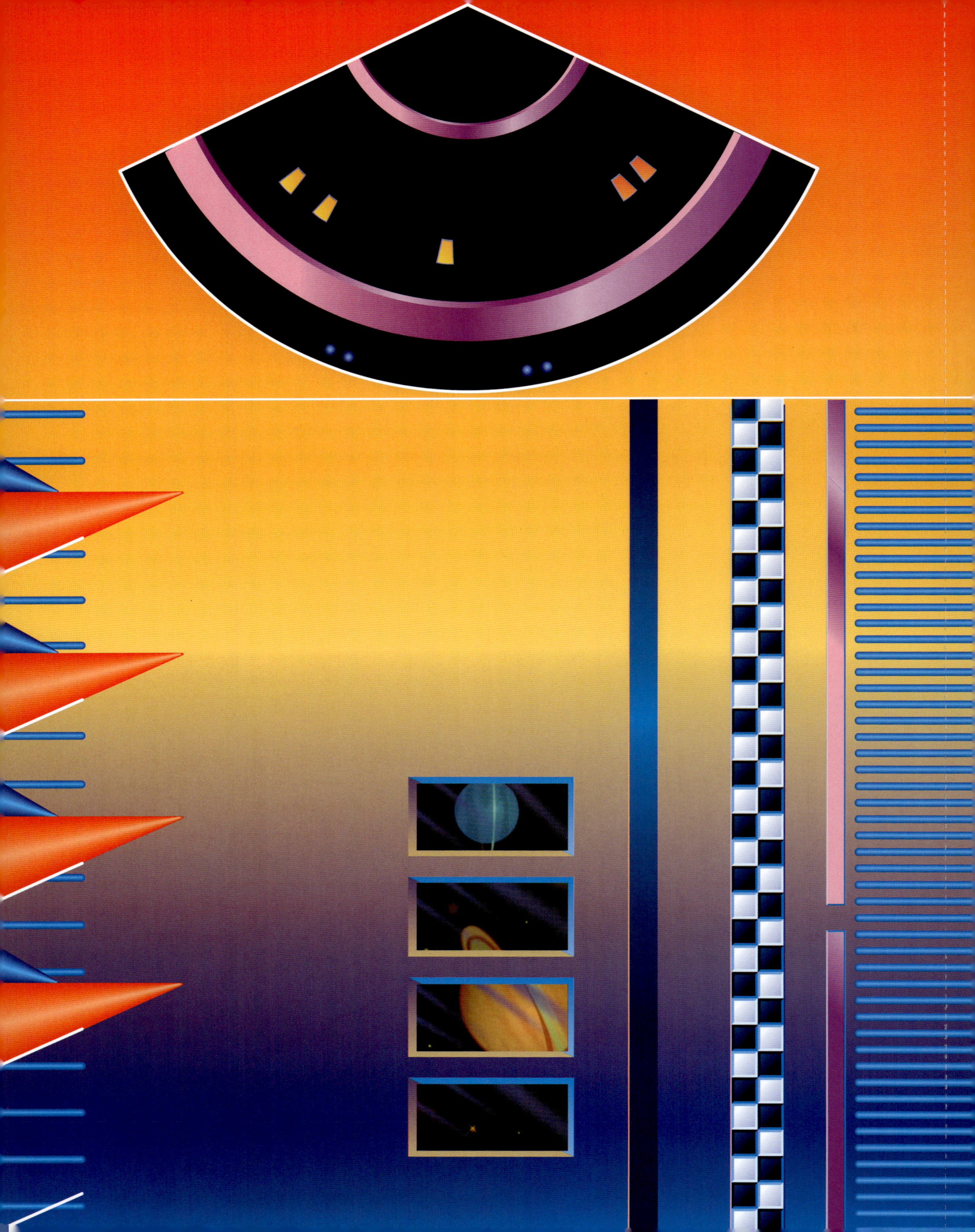

For The World Record Paper Airplane folding instructions, see page 57.

WORLD
RECORD

For The World Record Paper Airplane folding instructions, see page 57.

WORLD
RECORD

For The World Record Paper Airplane folding instructions, see page 57.

WORLD
RECORD

For The World Record Paper Airplane folding instructions, see page 57.

WORLD
RECORD

For Flying Saucer folding instructions, see page 59.

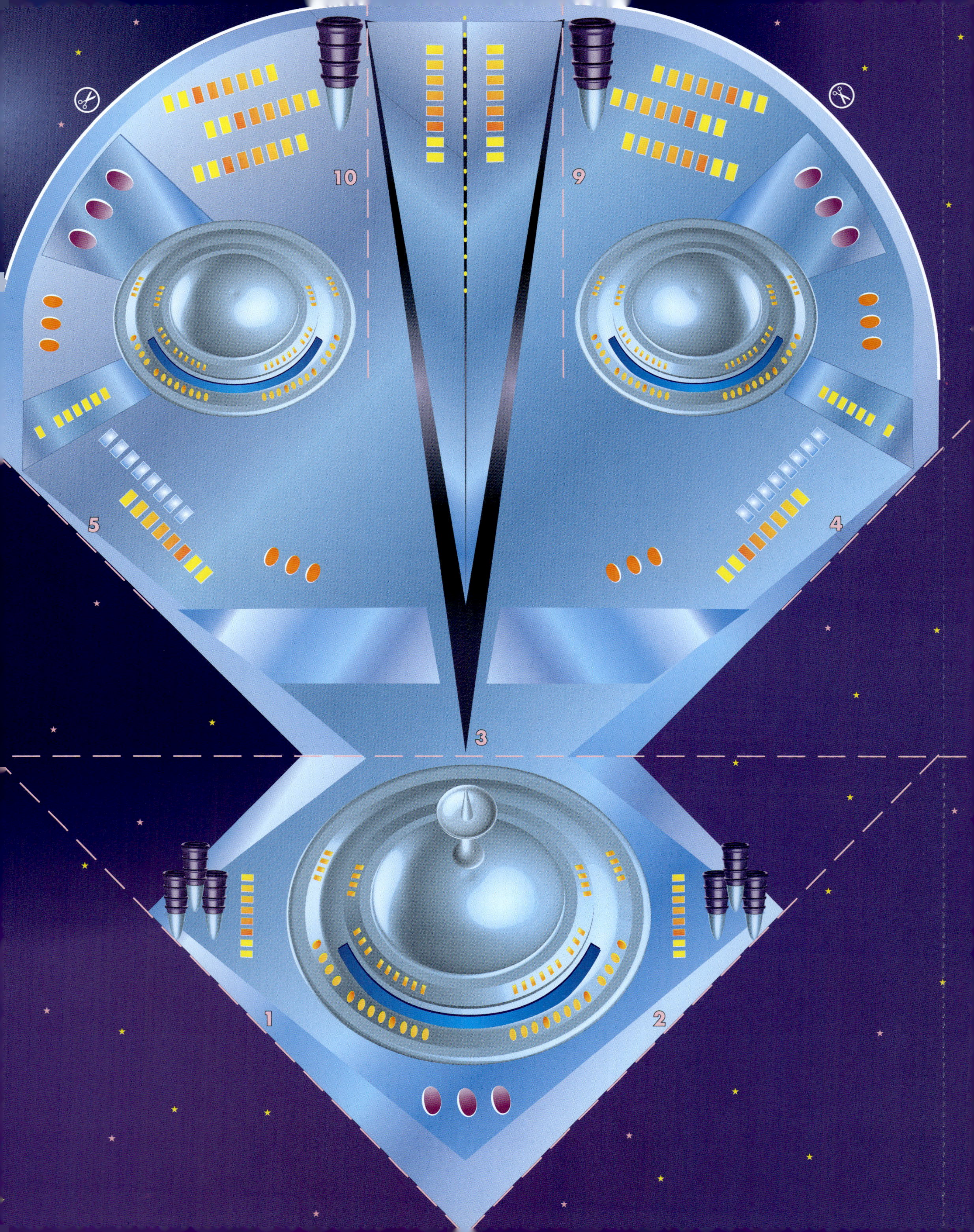
10
9
5
4
3
1
2

For Flying Saucer folding instructions, see page 59.

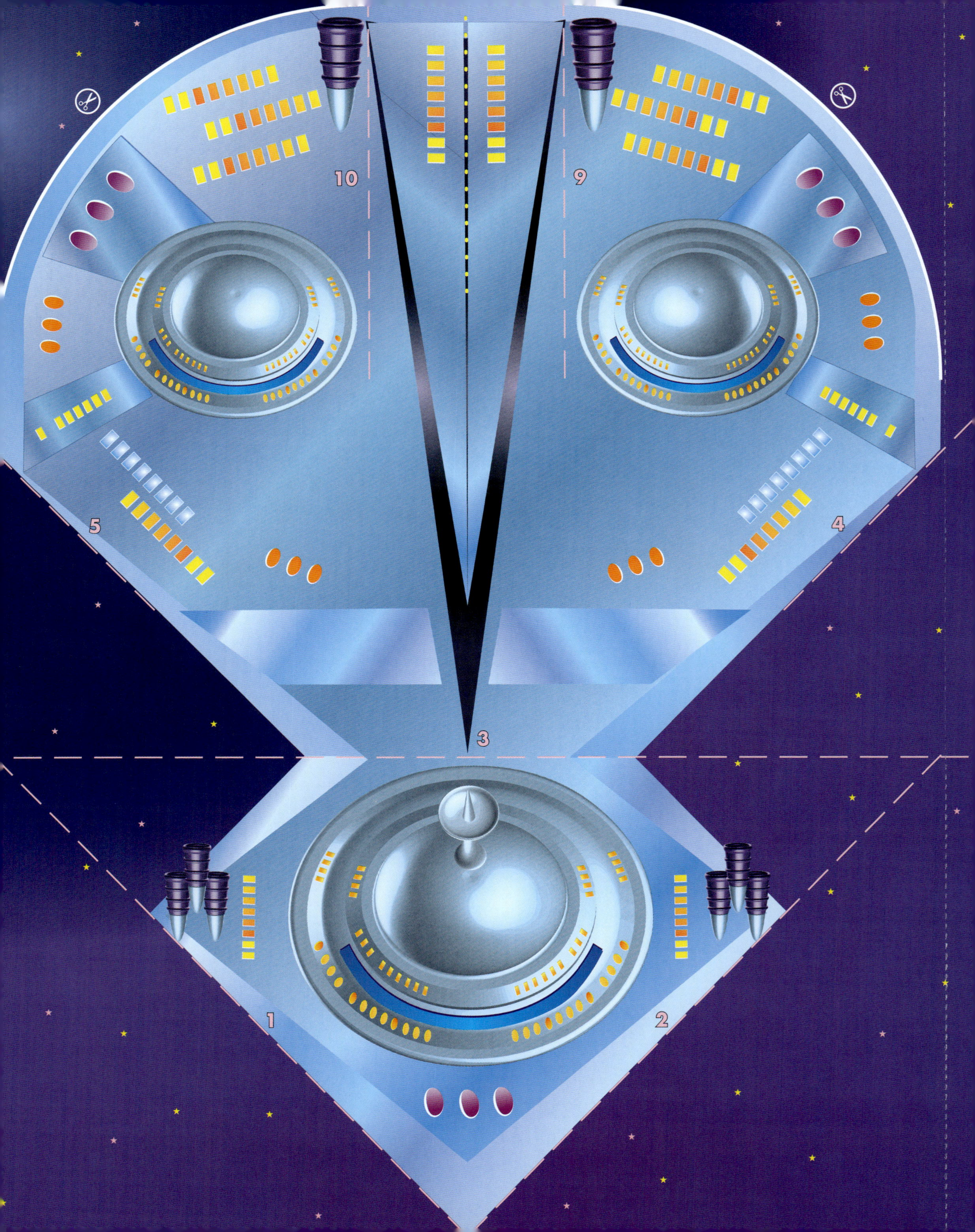
10
9
5
4
3
1
2

For Flying Saucer folding instructions, see page 59.

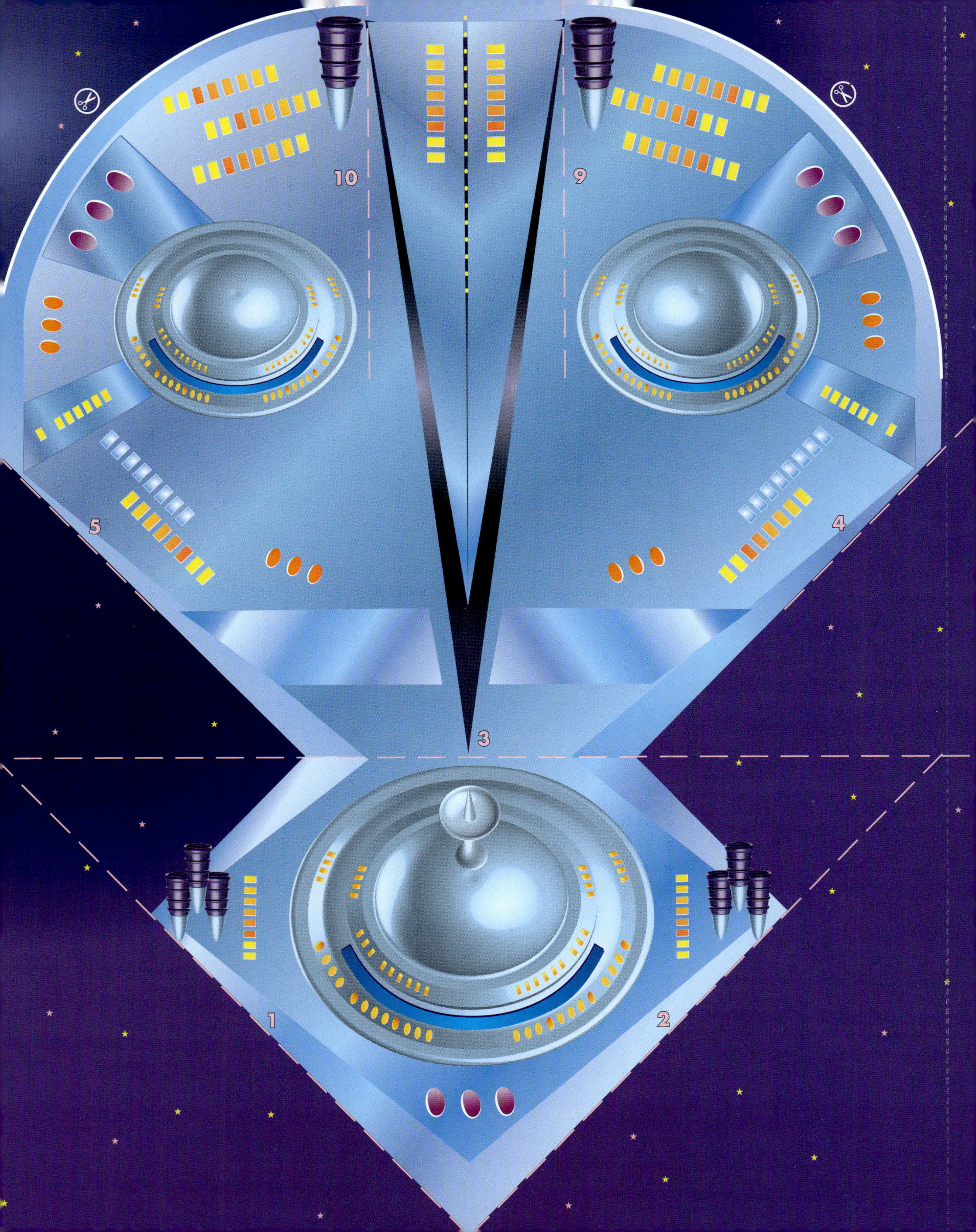

10
9
5
4
3
1
2

For Flying Saucer folding instructions, see page 59.

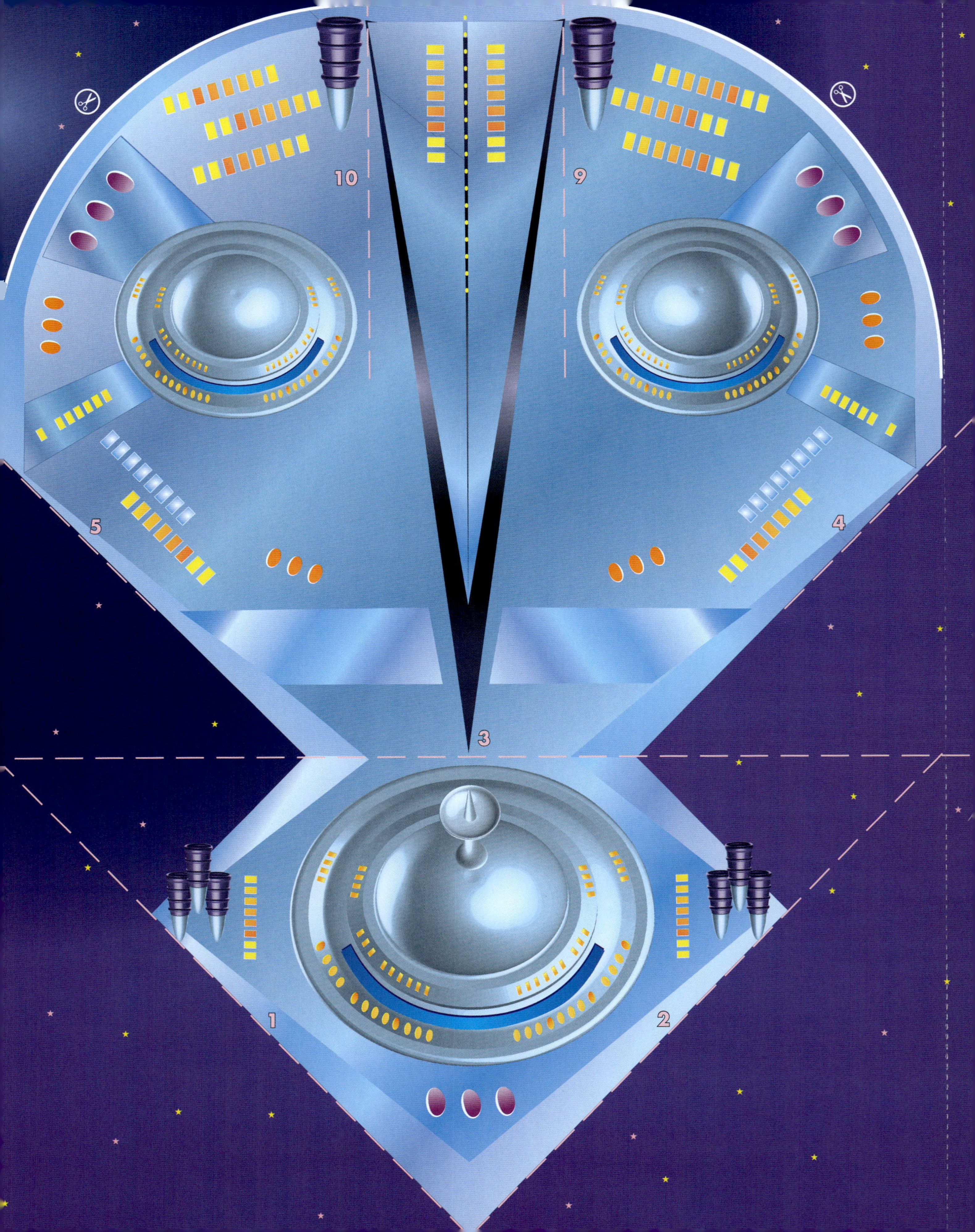
10
9
5
4
3
1
2

For The Great White folding instructions, see page 61.

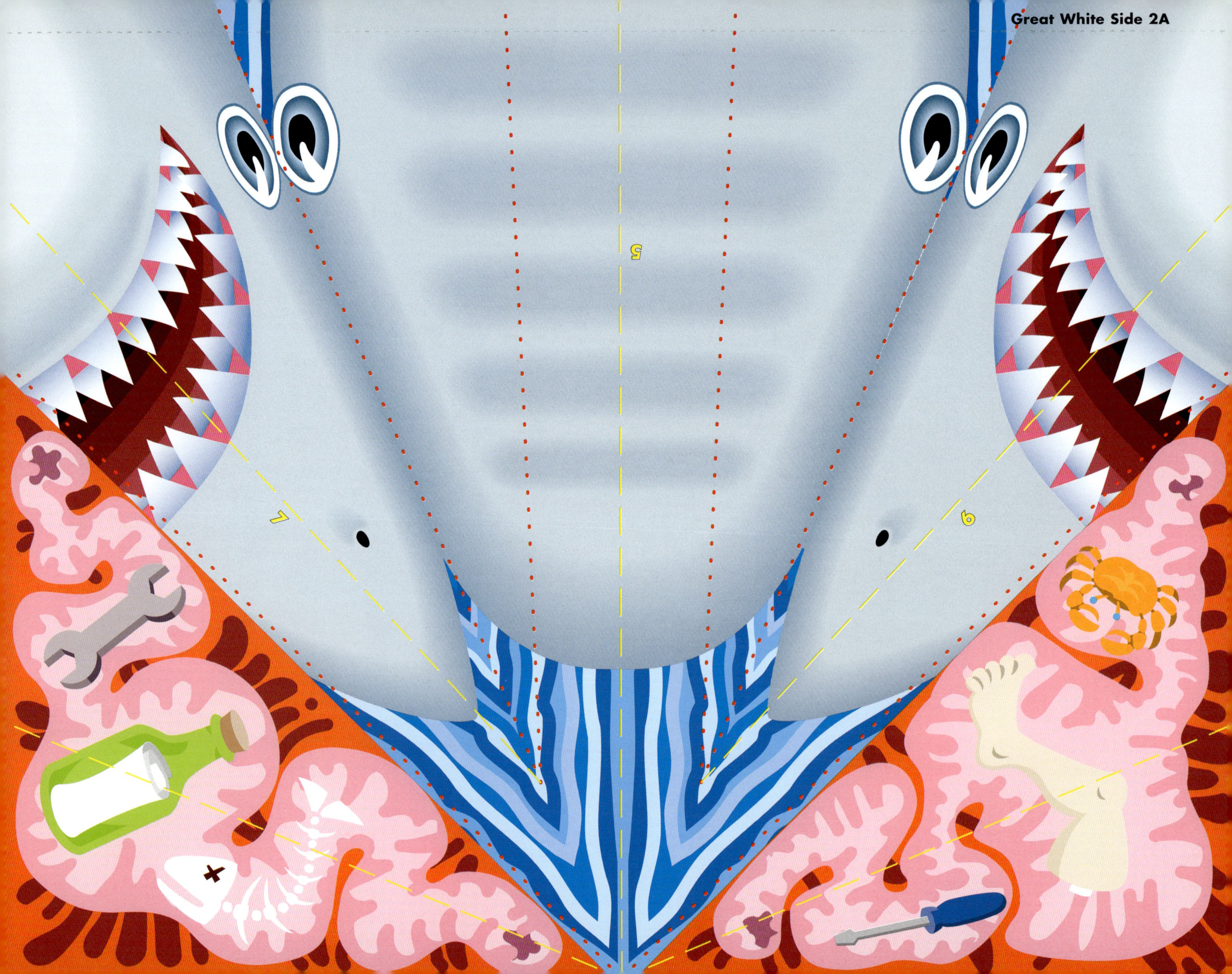

5
6
7

For The Great White folding instructions, see page 61.

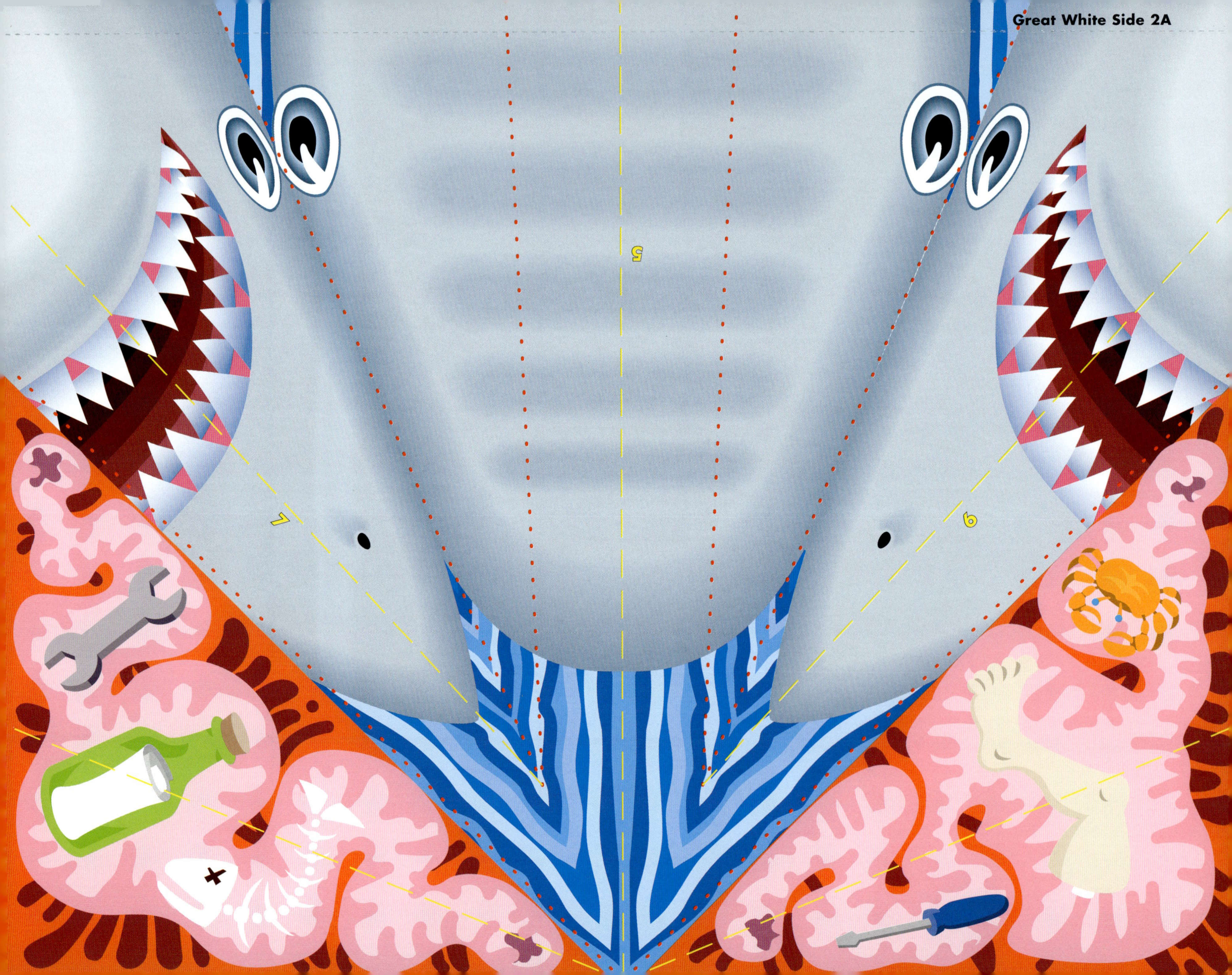
5
6
7

Great White Side 1B

For The Great White folding instructions, see page 61.

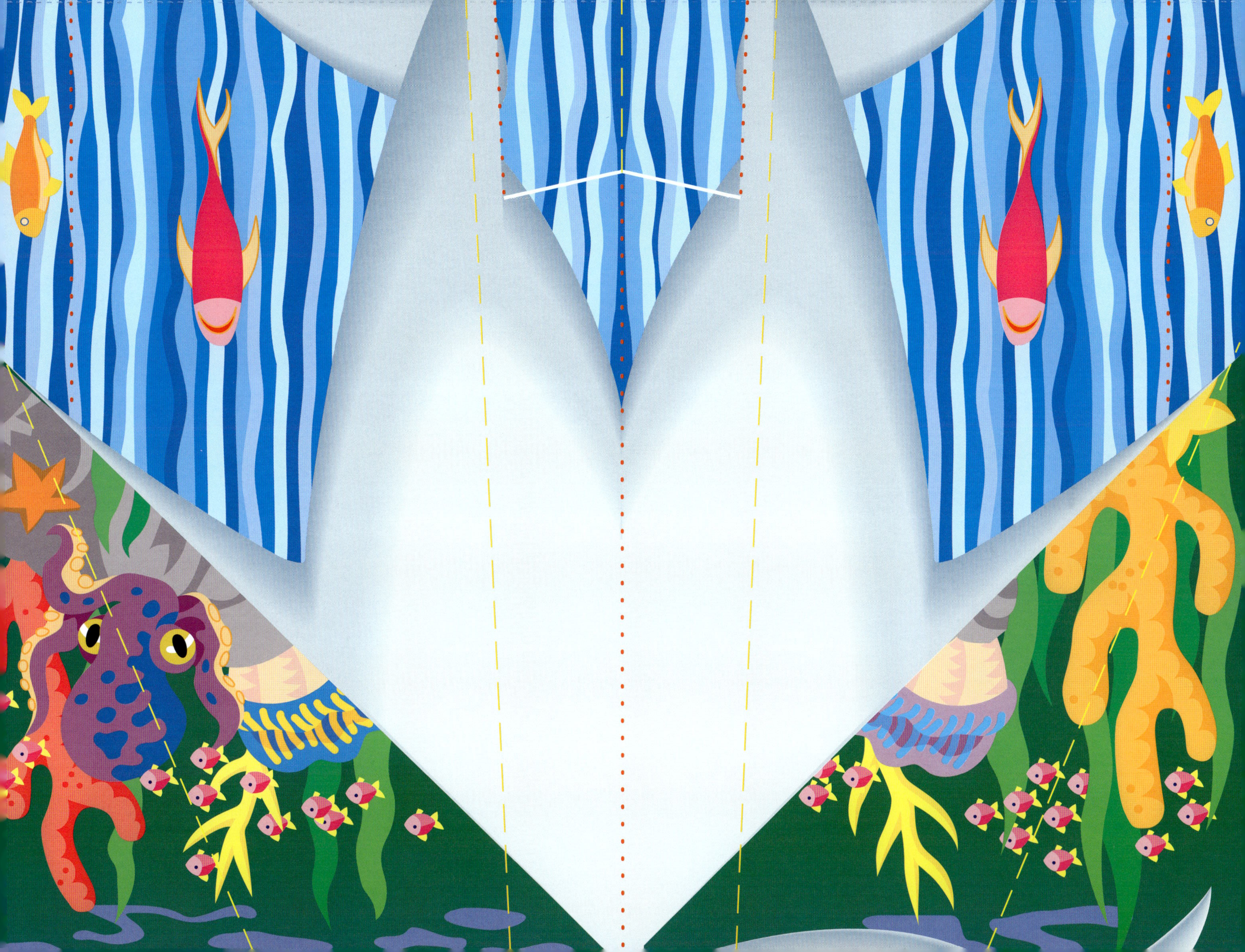

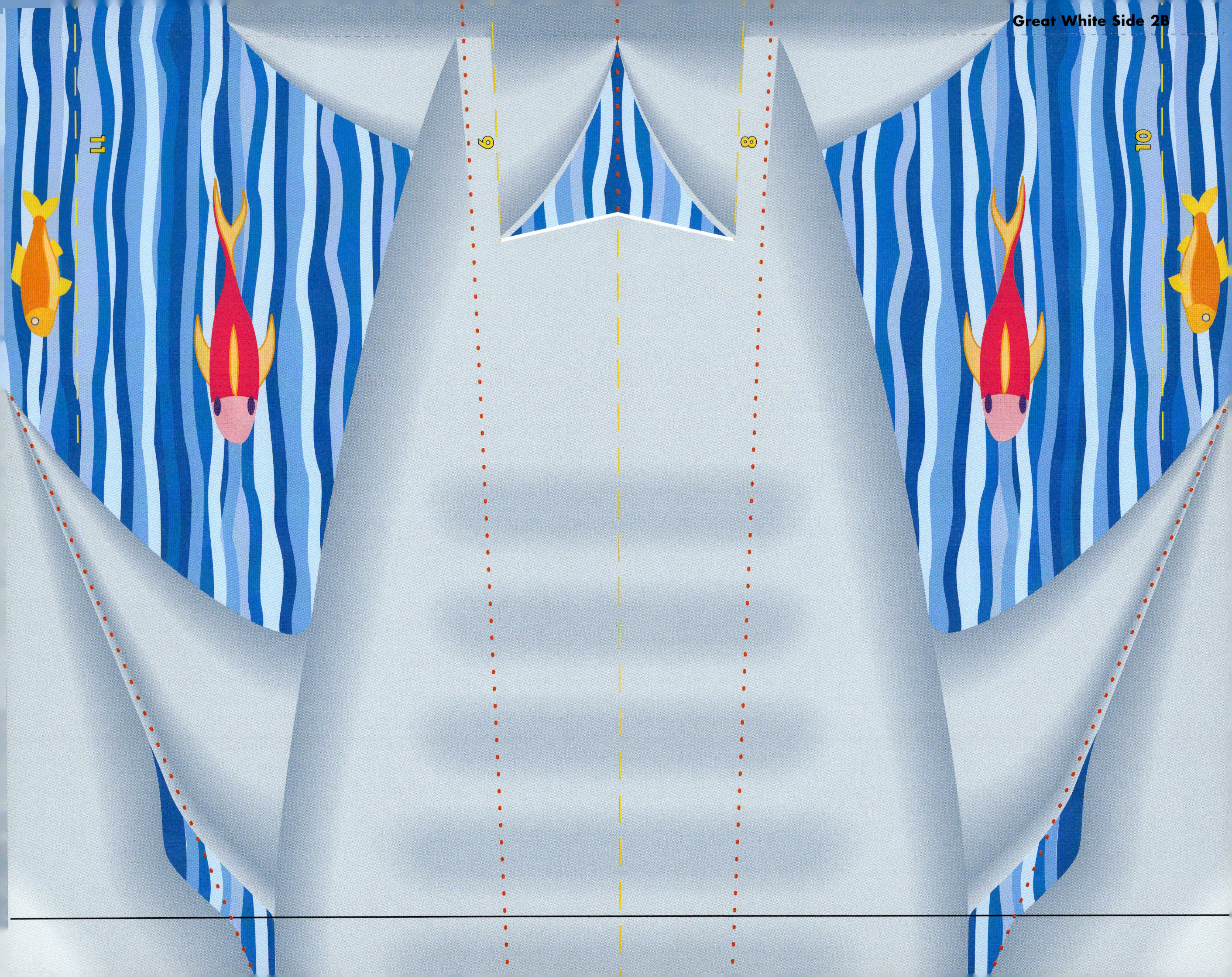

Great White Side 2B
11
9
8
10

Great White Side 1B

For The Great White folding instructions, see page 61.

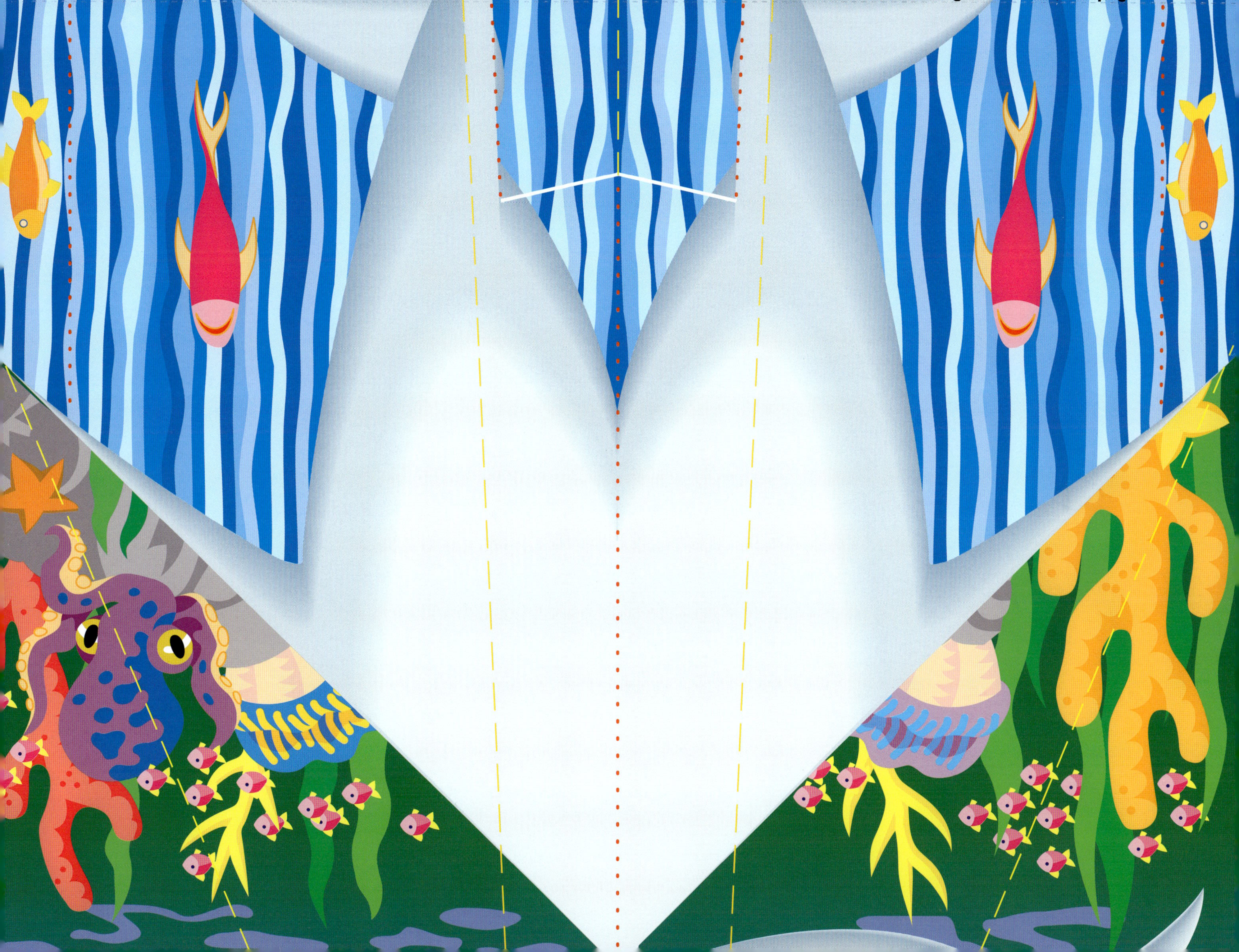

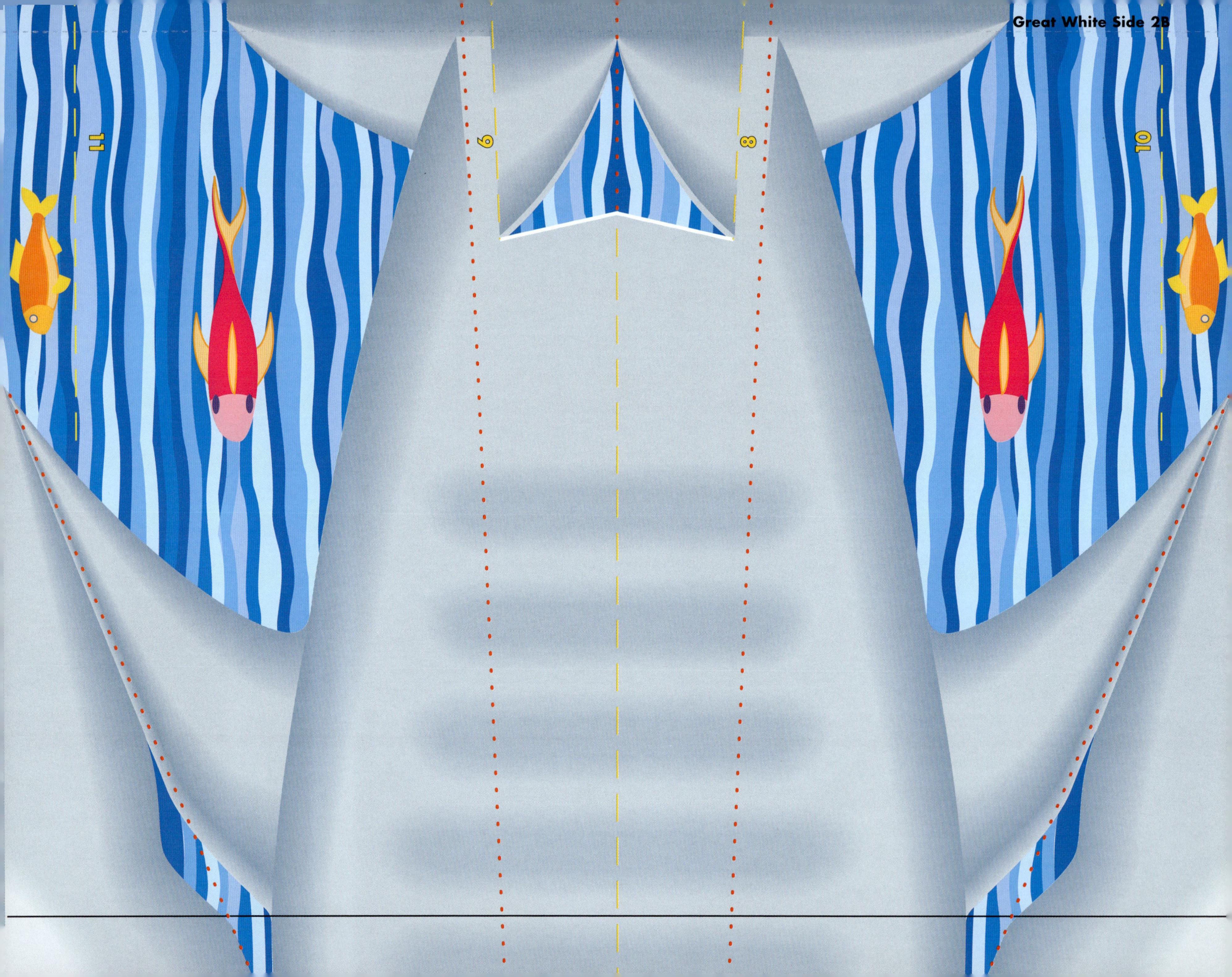
Great White Side 2B
11
9
8
10

For The F-15 folding instructions, see page 63.

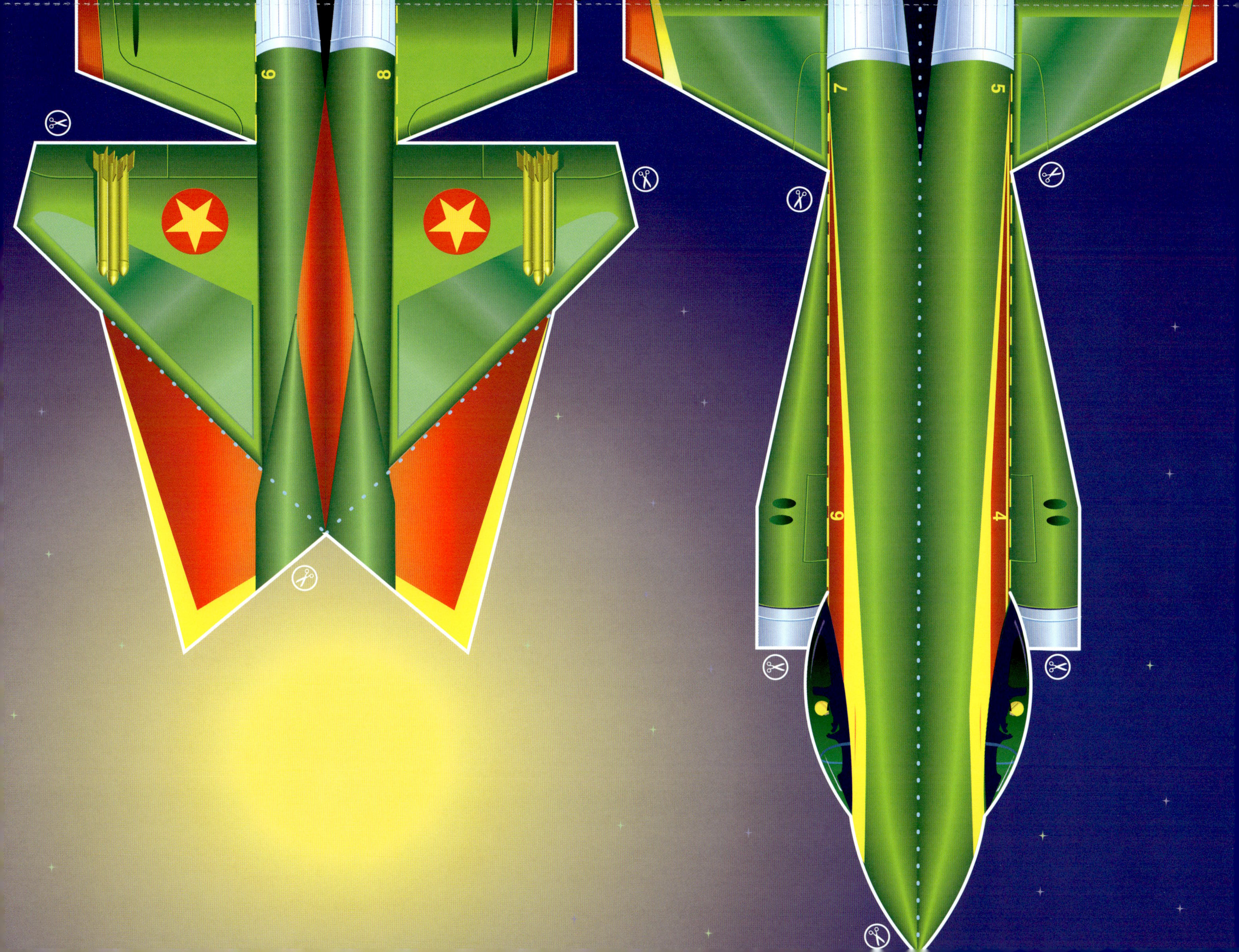

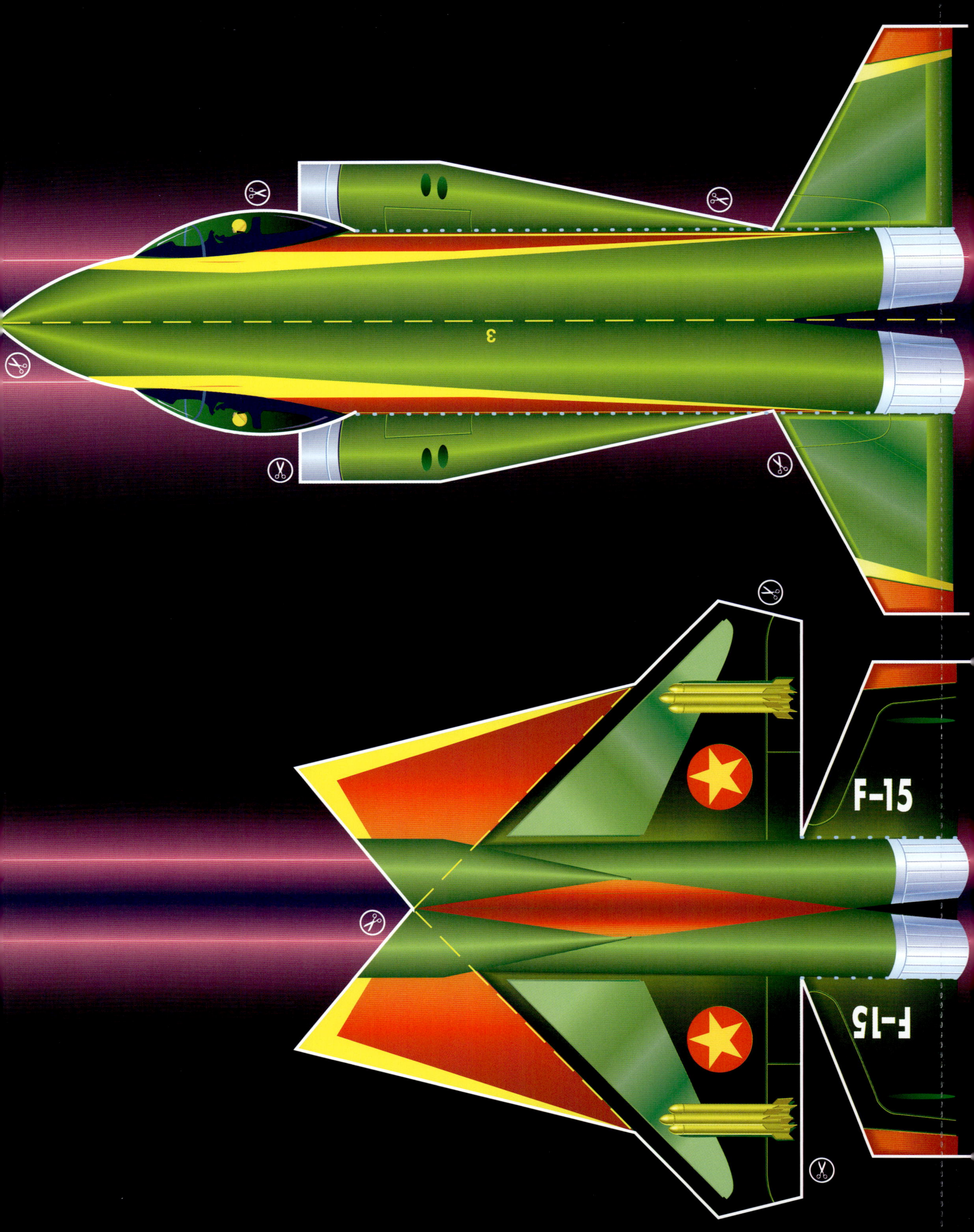
3
F-15
F-15

For The F-15 folding instructions, see page 63.

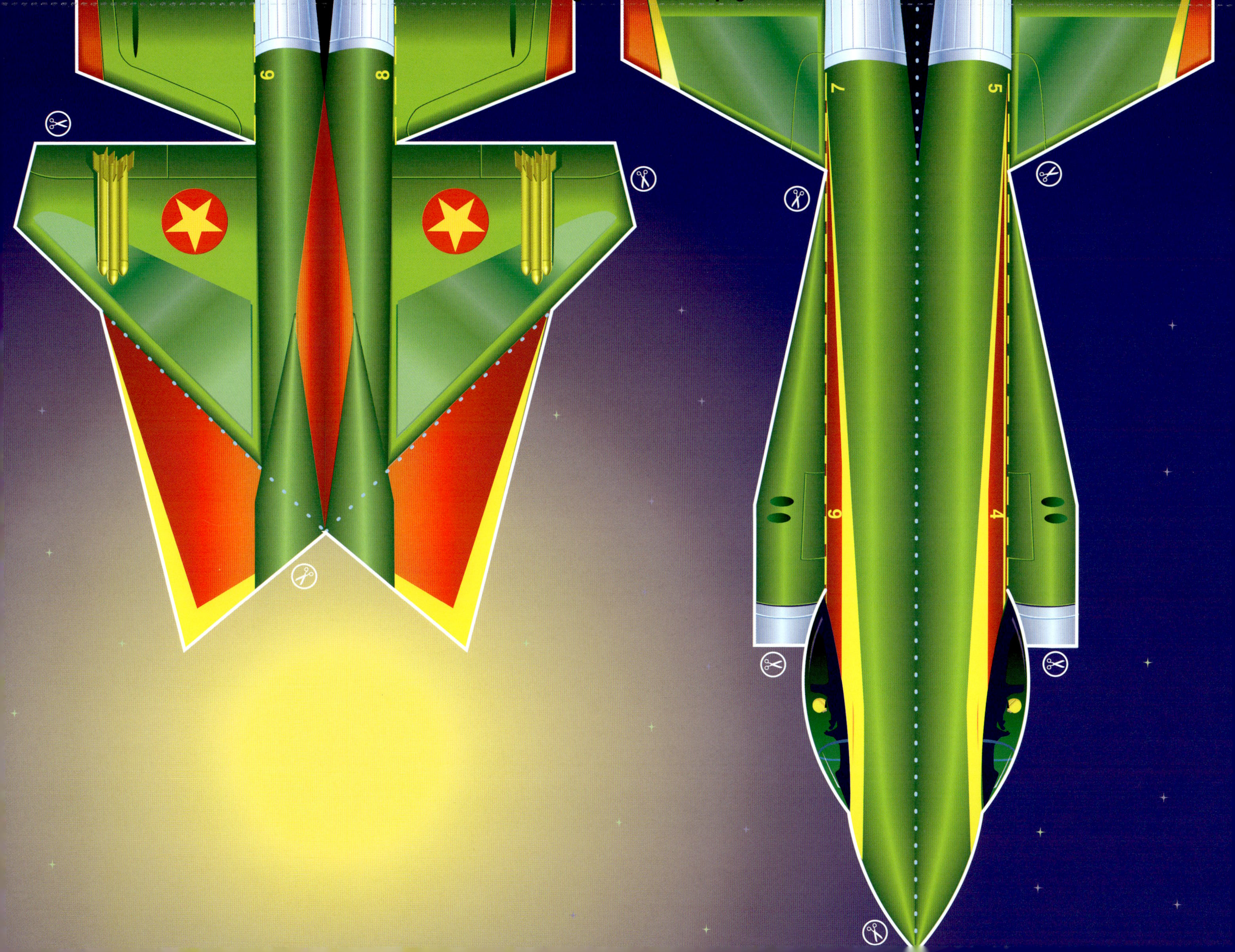

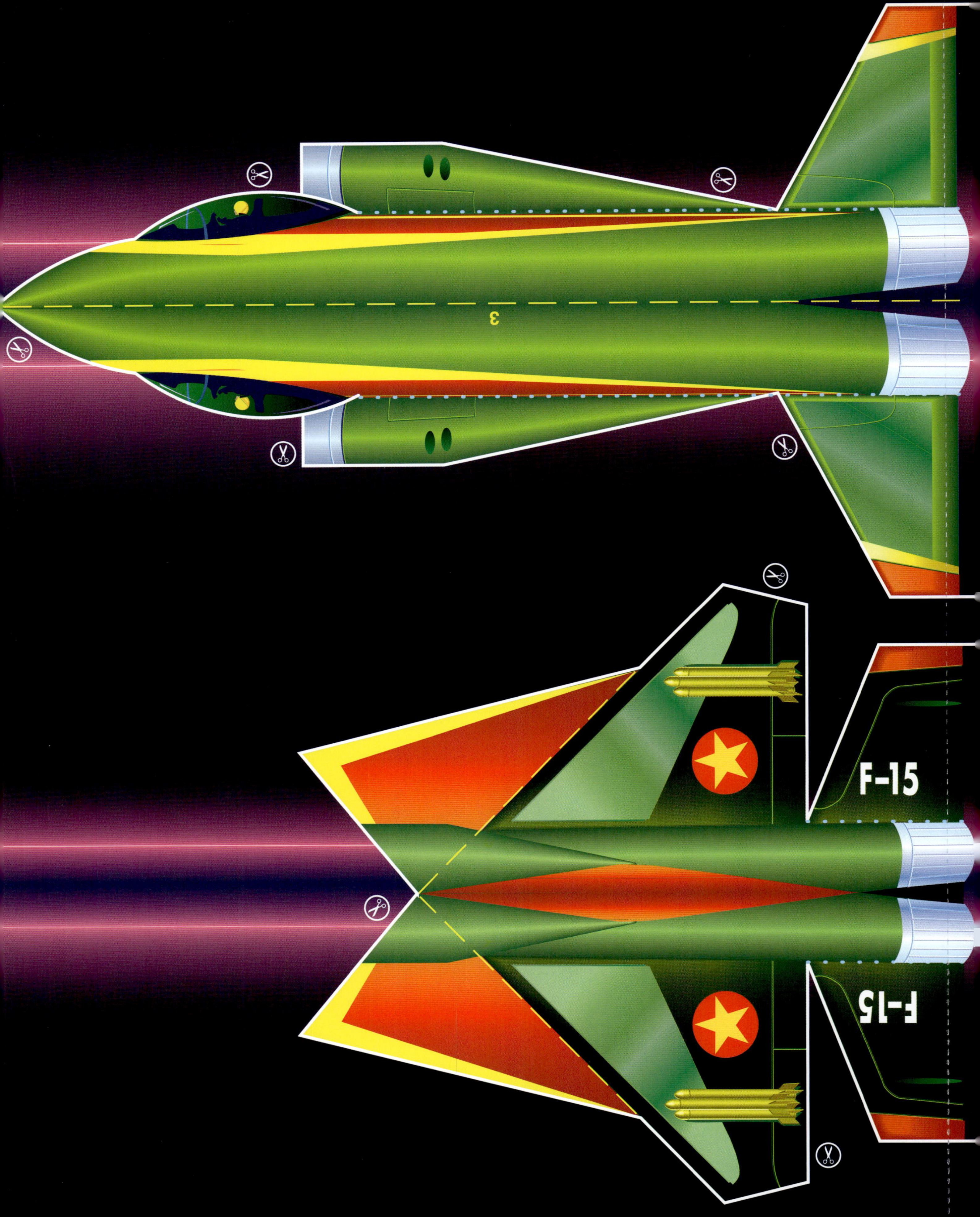
F-15
F-15

For The F-15 folding instructions, see page 63.

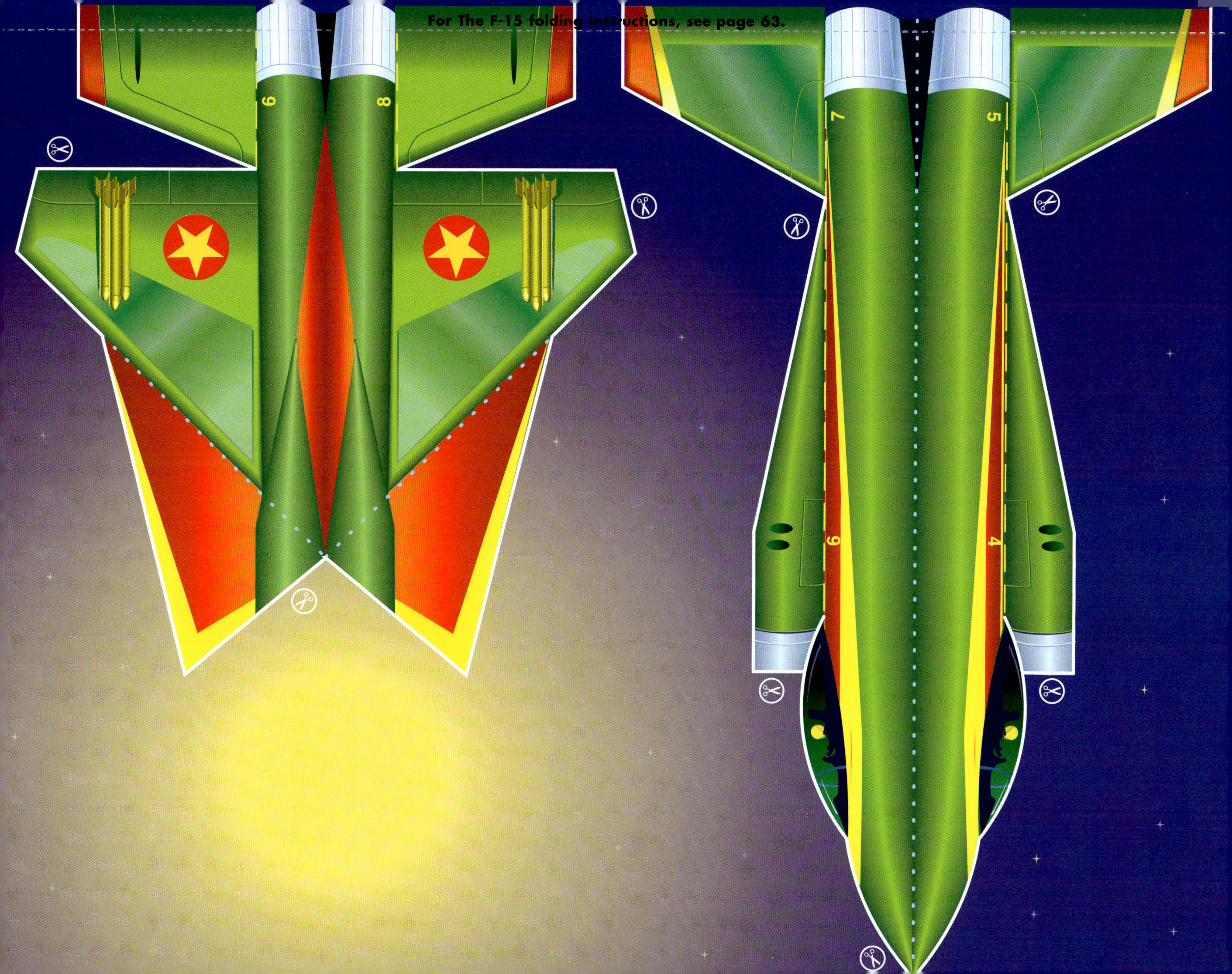

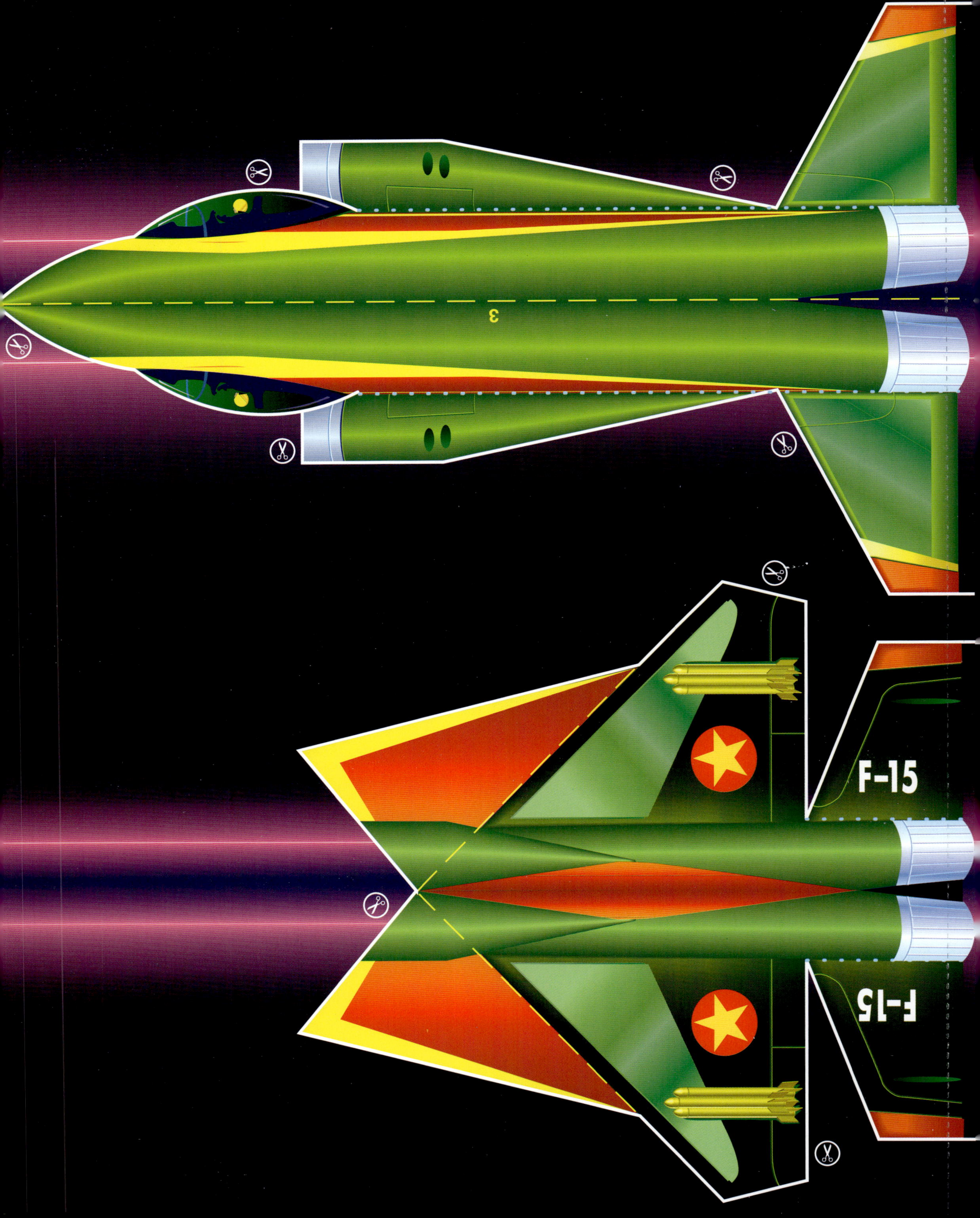
3
F-15
F-15